Nace Un Gigante

De Un Emprendedor Cavernícola

No es cómo naces, dónde naces, o de quién naces. Es lo que aprendes, lo que haces, y lo que enseñas.

Publicado por Cube17, Inc. en Estados Unidos y con
distribución Mundial

ISBN 978-0-9821425-4-7

Edición por Jorge S. Olson

- Primera Edición -

www.NaceUnGigante.com

Contenido

Nace Un Gigante

Jorge S. Olson

Introducción

Tú ya eres un emprendedor. Tu persona fue hecha para abrir múltiples negocios... Todo tu cuerpo, desde tus huesos hasta tu cerebro, fueron diseñados para comenzar negocio tras negocio. Con la ayuda de este libro despertaras tu ADN de emprendedor cavernícola y te convertirás en un Gigante de los negocios, y de la vida.

De ahora en adelante, con tu intención, despertarás...

    ...así nace un Gigante, de un emprendedor cavernícola.

Tú ya eres el emprendedor cavernícola. Tú serás el Gigante.

Antes que nada, invirtamos un minuto en descubrir qué es un emprendedor, un emprendedor cavernícola y un Gigante.

¿Quién es el Gigante? En una palabra... Tú.
Cierto, aun no logras ser Gigante, pero muy pronto lo serás. Un Gigante es feliz siempre y en todo momento, minuto tras minuto, y en cualquier circunstancia bajo cualquier

presión o acontecimiento. Un Gigante ya pasó por emprendedor cavernícola. Un Gigante es sabio y un imán de amor y felicidad. Un Gigante o Una Gigante es líder entre líderes; en su casa, en el negocio y en la vida. Un Gigante es súper saludable físicamente y mentalmente. Un Gigante tiene influencia sobre los demás y goza de la responsabilidad de educar, de ser mentor, y de crear la nueva generación de Gigantes. Cuando seas Gigante los demás te voltearán a ver sin saber por qué lo hacen. Cuando les sonrías les cambiarás su estado de ánimo instantáneamente. Se te presentarán oportunidades de negocio por todos lados, oportunidades de ser mentor, de dar charlas y compartir tus experiencias. Un Gigante será recordado hoy y siempre, alcanzando un grado de inmortalidad entre mortales. Los Gigantes tienen una pasión de aprender insaciable.

Un Gigante tiene paciencia y tolerancia inacabable. Un Gigante irradia amor, repartiéndolo por todas partes.

Un Gigante de corazón que siempre mantiene su ego diminuto, entendiendo su responsabilidad de líder, mentor y servidor, y su lugar como una pizca de sal en el universo. Tú, en Gigante, tienes una excelente memoria para perdonar y recordar lecciones de tus fracasos, y una malísima memoria para guardar rencor, odio y envidia.

Si, como Gigante obtendrás felicidad total en la vida, salud y longevidad; éxito en los negocios y con el dinero. ¿Se escucha difícil? Tal vez lo era antes, pero ya no. Ahora tendrás la fórmula correcta para llegar a un estado físico, mental y emocional de Gigante.

En estas páginas encontrarás información que transformará cómo te vez, cómo vez tus metas, y cómo vez los negocios. También verás técnicas de mercadotecnia, inversión, evaluación de oportunidades y de crecimiento exponencial a los cientos de millones de dólares.

¿Quién es un emprendedor?

Un emprendedor es alguien que quiere comenzar uno o más negocios o ya tiene uno o más negocios. Esta persona no heredó los negocios, no es un empleado de los negocios, los comenzó de la nada y los hizo exitosos. En algunos países el emprendedor es alguien que quiere empezar un negocio. Esta definición es incorrecta. Ese sería un aspirante a emprendedor. Si tienes uno o más negocios o estas afanosamente abriendo uno, ya eres emprendedor.

¿Cómo logro ser emprendedor cavernícola?

El emprendedor cavernícola somos todos nosotros, el mundo entero. Todos nacimos con la genética correcta heredada desde las épocas donde dormíamos en los árboles y después en cavernas. Todos nacimos para abrir múltiples negocios al mismo tiempo, para innovar, para cambiar la economía y la sociedad. El emprendedor cavernícola es el que despierta y se da cuenta de esto. El que descubre su ADN y lo acepta. Cuando termines este libro ya serás un emprendedor cavernícola en camino a convertirte en Gigante.

¿Y qué si quiero tener múltiples negocios?

El **Emprendedor Serial** es el que busca oportunidad tras oportunidad. El que no solamente abre un negocio a la vez sino múltiples negocios. Tal vez tú ya eres emprendedor y quieres ser emprendedor serial. Tal vez inviertes en negocios, o tienes una incubadora o aceleradora como nosotros la tenemos en Tijuana, México. Donde aceleramos negocios de tecnología, mercadotecnia, y producción.

Estoy seguro de que ya estas a la mitad de tu camino de emprendedor cavernícola. ¿Cómo lo sé? Lo sé porque estás leyendo este libro. Algo dentro de ti te dice que estás en este planeta para algo importante. Estás despertando el cavernícola, y cuidado, que el mundo no conoce tu furia emprendedora.

¿Ahora qué sigue?

Tu trabajo es sencillo. Un poco de atención y mucha intención. Es todo. Si puedes hacer esto tienes garantizado un renacimiento como Gigante de los negocios, capaz de empezar múltiples empresas instantáneamente y de hacerlas crecer exponencialmente.

Tu atención será para seguir el libro, las reglas del juego, y la fórmula. Tu intención la usarás para que la información no se quede en el libro ni en tu cabeza, sino en la aplicación, el uso, la ejecución de la fórmula secreta de los negocios. Sigue la fórmula y serás exitoso en no uno, sino múltiples negocios. Si ya tienes negocios, podrás abrir más, crecerlos exponencialmente y llevarlos a la bolsa de valores, a los cientos de millones de dólares en ventas, o a donde tú quieras.

En este momento te embarcas en una aventura nueva. Una aventura de descubrimiento, crecimiento y diversión. Es la aventura de un emprendedor cavernícola andando por un camino nuevo que te convertirá en Gigante de los negocios.

Lo más importante para ti es saber que no tienes que hacer nada, todo ya está dentro de ti, pre-programado por la evolución, todo lo que harás es aceptar tu destino. Si, en efecto, tú ni siquiera tienes opción en esto. La evolución te convirtió en emprendedor. Ni tú ni yo tuvimos nada que hacer con esta transformación. Esta gran transformación a emprendedor ocurrió entre hace trescientos y trescientos cincuenta mil años, cuando el Homo Sapiens pisó el continente africano por primera vez. Éste a su vez evolucionó del Australopitecos Africanos tres millones de años en la antigüedad. Durante todo este tiempo de evolución sucedió algo muy interesante.

*El Homo Sapiens (mujer y hombre moderno)
sobrevivió y todas las otras especies
inteligentes desaparecieron.*

¿Qué sucedió? ¿Cómo fue la evolución del hombre y mujer
moderna que ganaron la carrera y la corona? Muy sencillo,
este hombre y esta mujer, nuestros antepasados, se
convirtieron en emprendedores cavernícolas. Con esto
ganaron la evolución y de ahí salimos tú y yo. No fue fácil.
En la prehistoria existía bastante competencia, desde otros
primates inteligentes como el Homo Habilis,
Australopitecos Robustus y el Neandertal. Aparte estaban
todos los animales que nos querían devorar, morder, y
picar. Durante todo ese tiempo, guerra, evolución,
aprendizaje y aplicación ya se hicieron. Cientos de miles de
años pasaron para perfeccionar este emprendedor
cavernícola, Tú. No tienes que hacer nada, todo está hecho
por ti. El problema es que la historia moderna, desde hace
aproximadamente diez mil años, con el descubrimiento de
la agricultura y después con la revolución industrial, te
cambiaron, te transformaron en robot del sistema agrícola,
después del sistema moderno del capitalismo de fábricas de
producción. Ahora es tiempo de despertar y recobrar tu
trono como Gigante de los negocios. Para que esto suceda
necesitas apretar un botón. El botón que te despierta el
emprendedor cavernícola. Después de despertar tu instinto
seguirás la fórmula para convertirte en Gigante de los
negocios.

¿Existe una fórmula del éxito en los negocios?

Esta es una excelente pregunta. La respuesta es muy simple. La respuesta es Sí. Veremos esta fórmula en las siguientes páginas. Incluso son varias fórmulas dependiendo de donde estés en tu evolución empresarial. Pero hay otra pregunta aún más importante que la primera.

¿Por qué no siguen la fórmula?

Esta es la pregunta más importante. Muchos no siguen la fórmula, aunque la tengan. Si tú adquieres la fórmula secreta de los negocios, ¿la aplicarías? ¿Qué tal si requiere algo de trabajo, estudio y cambio? ¿Aun la aplicarías? Bien, si muchos tienen la fórmula, ¿Por qué no la siguen? Aquí te va otra pregunta tal vez más importante…

¿Por qué no pides la fórmula?

Esta última pregunta cubre la mayoría de los casos de negocio en el mundo.

Ya tienes una gran ventaja o tres. 1. Tú tienes un libro en tus manos. 2. Ya te preguntaste si existe la fórmula. 3. Ya preguntaste cuál es la fórmula. Ya eres la excepción. Ya estas dentro del uno por ciento de la población empresarial que quiere hacer o crecer su negocio exponencialmente y pide la fórmula.

La mayoría de los casos no son como el tuyo. Imagínate que tu amiga quiere abrir un negocio de café. Lo primero que debe hacer es leer acerca de cómo poner un negocio de café: ¿no crees? Después de leer lo más posible tal vez platicar con otros emprendedores que ya tienen un café y son exitosos. En otras palabras. Tiene que aprender. Aprender la fórmula que siguen los otros para el éxito. Tal vez la encuentran en libros, tal vez con pláticas o seminarios. Muchos compran una franquicia de un café. En este caso están comprando la fórmula del éxito con su pago de franquicia. Nota que la fórmula no es la de cómo elaborar o preparar un café; así como un capuchino o un instantáneo. Eso es lo fácil. La fórmula es la del éxito.

¿Lógico? ¿Estamos en el mismo plano? ¡Claro que no! Pensarías que este es el comportamiento, pero no lo es. El emprendedor tiende a tener una personalidad aventada, atrabancada, de reto y de riesgo. El emprendedor común y corriente, el que fracasa, o sea la mayoría, se avienta al negocio sin investigación. Toman su inteligencia como su Propuesta Única de Valor. Creen que su intelecto y destreza es su herramienta más fuerte.

El negociante que aprende de otros es el más fuerte. El que sabe que no puede ser el más inteligente de la mesa es el que triunfa. El ejecutivo que se cree el rey y trata a sus empleados como sujetos de la corona fracasa, o nunca crece su negocio. Esto sin mencionar su fracaso como ser humano.

El emprendimiento si tiene fórmula. No es una casualidad, no es heredado, no es de relaciones. Aprende la fórmula del emprendimiento moderno. Empieza y crece tu negocio con las herramientas y la actitud correcta. Desde qué hay que aprender, cómo encontrar a otros con tu espíritu emprendedor, cómo conseguir capital de inversión y cuál es el mejor negocio para ti.

Este libro es una guía para emprendedores, ejecutivos y comerciantes. Para convertirte en un Gigante de los negocios, de la economía y de la sociedad. No con favores o contratos de gobierno, sino con esmero y con inteligencia.

Me da gusto que estés aquí conmigo... Ahí te va la fórmula...

Con cariño, Jorge Salvador Olson Sandoval.

CAPÍTULO 1:

Despierta a Tu Emprendedor Cavernícola

Desecha La Cultura de Empleo

"Ahora veremos sus derechos laborales," dijo el maestro. Y toda la semana exploramos nuestros derechos laborales en México. En qué consiste la jornada de trabajo, nuestros derechos, derechos de jóvenes y adultos y una serie de leyes que tuvimos que memorizarnos para el examen. Iba en primero de secundaria, tenía trece años.

¿Sabías que desde primero de primaria nos entrenan a ser empleados? ¿A seguir órdenes y no cuestionar la autoridad? Por suerte en mi casa era lo contrario. Mi madre me enseñó a cuestionar todo. "Cuestiona todo y a todos, cuestióname a mí," me decía. Claro, mi madre se graduó del seminario mayor en filosofía y letras, y es *hippisona*. El aprender a pensar es una de las cosas más importantes en la vida. Y esto incluye el cuestionar. Es importante para escritores como yo, aún más importante para emprendedores como todos nosotros. El cuestionar empieza cuando te dicen que no puedes. "Ah no, cómo no," contesta el emprendedor. "Eso es imposible," te dicen. "Oh si, pues soy contreras," les responderás ignorando lo que para los otros es imposible. Para ti una imposibilidad es el obstáculo de un lunes. Nada fuera de este mundo.

¿Te imaginas? A los siete años entrenados a ser empleados, a los trece ya me sabía de memoria mis derechos laborales. ¿Qué serás de grande? Pues empleado obviamente. Estoy practicando desde peque. ¿Pero de dónde viene este entrenamiento laboral? ¿Dónde nos convertimos de cazadores a empleados? ¿Cómo nos fuimos desde cavernícolas dueños de la cueva a rentar una cueva?

El Homo Sapiens (¡o sea tú!) evolucionó a ser emprendedor. Desde los tiempos más antiguos de la prehistoria nuestros antepasados bajaron de los árboles y descubrieron las cuevas, convirtiéndose en los primeros cavernícolas. Estos emprendedores prehistóricos no eran empleados. No trabajaban para un jefe que les pagaba un sueldo en trozos de mamut. Estos cavernícolas salían a cazar y a juntar nueces, raíces, frutas y verduras. La vida de estos cavernícolas era rutinaria. Tenían que salir de la cueva por agua y comida diariamente y repartirse entre la familia, tribu o clan.

Aquí es donde viene la pregunta del millón. ¿Cuándo nos fuimos de emprendedores a empleados? Tal vez llegó un cavernícola más inteligente que los otros y les dijo: "Yo les garantizo un sueldo semanal de carne, nueces y verdura y todo lo que cazan y recolectan de comida me lo traen a mí."

"Espérate tantito. ¿Cómo que yo te traigo toda la comida y tú solamente me das una porción?" Hubieran preguntado los otros cavernícolas. "¿Quién se queda con el resto de la comida?"

"Pues yo me quedo con el resto de la comida." Contesta el emprendedor

"Sí que buena idea," dijeron todos los cavernícolas.

No, tal vez así no fue como funcionó. Nos tardamos otros doscientos mil años para cambiar de emprendedores organizados y con lenguas comunes de comunicación a empleados. Estos emprendedores cavernícolas ya se comunicaban verbalmente, cazaban en grupo, tenían organizaciones sociales complejas y herramientas sofisticadas. ¿Qué sucedió para cambiar la cultura a una de empleo? Una Revolución.

Esta revolución se le conoce con tres términos importantes. La revolución agrícola, revolución neolítica o el cambio de la humanidad de una cultura nómada a una sedentaria. Las tres implican lo mismo. Hace veinte mil años nuestros antepasados sembraban y cosechaban. Esto cambió la humanidad para siempre. De ahí tardamos otros diez mil años en domesticar animales y ya teníamos todos los alimentos en la granja.

El cambio agrícola formó aldeas y pueblos cerca de ríos y lagos. Concentrando poblaciones y riquezas en un sólo lugar. Esto provocó luchas y guerras para robar bienes, esclavos, comida, y territorios. Aquí fue donde surgieron los primeros líderes militares que evolucionaron a reyes y dieron a luz al esclavismo y al feudalismo. Aquí fue cuando surgió el empleo. Los historiadores alegan que los esclavos fueron los primeros empleados. Aquellos robados de sus aldeas y obligados a trabajar por comida.

Los segundos empleados después de los esclavos surgieron para pagar impuestos. Los nuevos líderes tenían poder y tierras, pero nadie que las trabajara. Aquí nació el esclavismo y feudalismo. Ocupaban mano de obra gratis. Estos líderes que se convirtieron en emperadores, reyes y señores feudales obligaron a la población a trabajar sus tierras sin pago. Una especie de impuesto por el privilegio de estar bajo su reinado, o su protección. Recuerda que los reyes, emperadores, y otros líderes decían que eran elegidos por Dios y se merecían todas las tierras y riquezas.

De La Revolución Industrial Al Salón de Clases

Cómo Nos Entrenan Para Ser Empleados

En las escuelas nos sentamos en líneas, nos paramos cuando entra el maestro o el director, nos enseñan cómo seguir instrucciones y a ser educados. Nos memorizamos ciertas cosas en vez de razonarlas, y nos juzgan y califican de acuerdo con los estándares establecidos por el gobierno y la escuela. Todo esto es producto de la revolución industrial. Hasta las vacaciones de verano son producto de lo mismo.

Cuando la economía cambiaba de una economía de agricultura a una de producción las fábricas se encontraron con escasez de empleados. Todos estaban trabajando en el campo en sus tierras, de sus familias o de sus vecinos. Cuando llegaron a las ciudades a trabajar en las fábricas no sabían seguir órdenes, pararse en líneas de producción y trabajar en equipo. No se memorizaban las instrucciones de lo que tenían que hacer y querían entender por qué esa máquina trabajaba de esa forma. "No te pago para pensar," es el dicho favorito de la revolución industrial. ¿Te suena este dicho?

Me encantaba que en kínder todo era un soberano desorden. Nos sentábamos donde quisiéramos. En el piso, en la esquina, o no nos sentábamos. Los pequeños pupitres estaban en desorden, o en círculos, o nos sentábamos en mesas todos juntos a pintar con las manos no con pinceles. "Haz lo que quieras," era mi clase favorita. Me fue súper bien en el kínder. Todo se fue de bajada desde la preprimaria. No troné porque cumplí años y me tenían que mandar a la primaria. Desde ahí me peleé con la escuela hasta que llegué a la universidad en los Estados Unidos y volvió todo al kínder. Tomé las clases que quería, me calificaban por pensar no por memorizar, y los maestros eran tan hippies como mi madre.

Recuerdo en preprimaria las maestras daban estrellas a algunos niños y niñas. Cuando te portabas bien, cuando entregabas un buen dibujo y no te salías de la raya o cuando hacías la tarea. Yo soñaba con esas estrellas pegadas en la frente con la saliva de la maestra. Me imaginaba que diría mi madre al verme todo estrellado. Que orgullo sentiría que su hijo es una estrella. Teníamos un gran problema. Las maestras y yo no acordábamos en las reglas de la escuela. Yo quería jugar en el arenero y creía que las rayas de los dibujos eran sugerencias de lo que debes pintar, no reglas. En fin, no me dieron ninguna estrella. No te preocupes por mí, si logré salir con una estrella el último día de clases.

Me encontraba sentado hacia atrás del salón en las líneas establecidas por la revolución industrial. Con uniforme de trabajo como lo requieren en las fábricas y un corte de cabello aceptable, aunque un poco largo pues eran los setentas. Antes de irnos a casa para siempre he incursionar en el mundo de los grandes, la primaria, iban a dar los premios de fin de año. Eran unas estrellotas, las más grandes que lo que un niño ha visto en su vida. Yo me senté al borde de mi pupitre tratando de ver las estrellas. La maestra las mostró a toda la clase. "Estas estrellas las daremos a los mejores de la clase." Me aplasté en la silla. "Ya valió madre," pensé.

Uno por uno, la maestra otorgó las súper estrellas a los niños más inteligentes, a los más puntuales, los que sacaron mejores calificaciones, tú sabes, a los buenos. Yo los veía con un poco de envidia y añoraba ser el mejor en algo, en lo que sea. Pero no, nunca fui el mejor en nada. No tenían estrellas para el mejor pastelero del arenero o para el mejor sale-rayas de los dibujantes.

Después de unos minutos la maestra tomó unos dibujos y pinturas en sus manos. "Estos son los mejores trabajos de todo el año," anunció. Eran unas bellezas, unas obras de arte. La primera pintura fue una casita con cinco bellos árboles. La maestra vio el nombre apuntado en el dibujo "Este es de Ana María," dijo. Ana María se paró y fue por su dibujo. Yo volteé a ver a mi vecino de mesa banco, un niño pillo y chistoso. Como yo, abrió los ojos grandes sorprendidos. Seguramente los dos pensamos que Ana María es un genio. "Yo no sé cómo una niña puede hacer una obra de arte," pensé.

La maestra siguió entregando pinturas y trabajos que seguro ahora cuelgan en el Museo Nacional De Bellas Artes en México. No hay duda. Llegó a un dibujo extraordinario, mejor que todos los demás juntos. Era un carro rojo. Un coche como dicen en el sur. Las proporciones eran perfectas, el diseño innovador, que artista. La maestra lo mostró a la clase y luego lo volteó para leer el nombre y otorgar la súper estrella. Pausó dos segundos mientras buscaba la firma del artista. "Este dibujo

no tiene nombre," nos dijo la maestra. "¿De quién es?"
Todos los niños vieron a un lado y al otro. Nadie contestó.

Yo pensé por esos dos o tres segundos imaginándome la
estrellota en mi frente. Mi cuerpito se puso caliente y
mariposas bailaban en mi estómago. Pasé saliva y levanté
una manita. "Es mío."

Fue la única estrella, medalla, premio, diploma o
felicitación o buena calificación que saqué en toda mi
carrera pedagógica. Si, lo admito, me robé una estrella.

Pocos años después, antes de hacer mi primera comunión
en mi primera confesión ante el sacerdote tuve que
confesarme. "Dos padres nuestros," fue mi penitencia. Aún
tengo el dibujo guardado en el ropero.

El sentarnos en línea, memorizar, repetir, usar uniforme,
todo es parte de un entrenamiento de campesinos y
mandarlos a las fábricas. Las vacaciones de verano fueron
hechas para permitir a los estudiantes volver a casa y
ayudar con la cosecha. No es así en todo el mundo, en los
países nórdicos como Noruega, Finlandia y Suecia usan
estilos muy distintos de enseñanza. Formando mesas
redondas y discutiendo temas en vez de memorizarlos. En
México seguimos entrenando empleados en vez de
pensadores y emprendedores. Por eso tenemos que
formarnos por fuera. Si, algunas universidades y
preparatorias privadas tienen nuevos programas de

emprendimiento, y los felicitamos por ser futuristas. Es más, queremos escuchar de ellos. Mándenme un correo para listar estas instituciones y sus programas.

Aún recuerdo el día cuando el maestro Saldaña me enseñó mis derechos laborales. Uno de mis mejores maestros tenía que enseñarnos eso, pues viene de la Secretaría de Educación Pública no de su imaginación. La cultura del empleo comienza en la escuela, pero no termina ahí. Desafortunadamente se forma una especie de comunismo imaginario en las cabezas de muchos jóvenes trabajadores. Una cultura que no se acaba y solamente nos perjudica. Hablo de la cultura de "Yo Contra El Patrón."

Yo Contra el Patrón – Yo Contra Los Empleados

Dentro de la cultura de empleo nace un resentimiento hacia la empresa y el patrón. "Se hace rico a nuestras espaldas," es lo que piensan los empleados. Esto puede ser cierto, pero tiene solución. Renuncia y aviéntate a tu negocio. Hazte el jefe y trata bien a tus empleados. Yo fui empleado y emprendedor, emprendedor y empleado. Llegué a director, vicepresidente y presidente de empresas y siempre pensé lo mismo, "Estoy haciendo rico al jefe."

No tiene nada de malo admitir que haces rico al jefe. Eso quiere decir que haces muy buen trabajo, tal vez vendes o inventas nuevos productos o haces algo extraordinario. En mi caso nunca resentí hacerles dinero a mis patrones. Me pagaban muy bien y me trataban como de la familia y uno de mis jefes, mi mentor, me enseñaba algo nuevo diariamente y me lanzó a ejecutivo en mis veintes. Aun así, yo tenía el pequeño emprendedor en la bolsa. Algo que me decía que debía hacerlo solo. Tú tienes el mismo emprendedor en la bolsa. Déjalo salir.

Uno de mis amigos, Joel, dice que es comunista. No lo es, pues no ha leído el manifiesto comunista ni las otras filosofías de esa rama. Digamos que le gusta El Che Guevara y confunde el idealismo comunista con odiar a su patrón, y a todos los patrones. Me dice que le roba tiempo cada que puede, se pone a hacer otra cosa en vez de trabajar. "A, qué bien," le digo. "Así te va a ir muy bien." Esta filosofía de mediocridad no permite a Joel avanzar, ni buscar otro trabajo, ni superarse. Otros empleados roban dinero, papel de baño, o cualquier cosa que pueden robar sin que los corran del trabajo.

Este pensamiento no es solamente de los empleados hacia el jefe. Muchos jefes pagan lo mínimo posible a los empleados, los maltratan, exigen horas extras y pelean por no pagarles forzando al empleado a demandar para recibir solo un porcentaje de lo que trabajaron. Otros jefes son cabezas de sus negocios y todos son los seguidores. Siendo ellos los únicos que pueden pensar. Esta forma de gestión es popular en los negocios pequeños. Solamente el jefe puede hacer decisiones pues es el único inteligente. Esta actitud va contra todos los principios de negocio y emprendimiento. En los cuales "Si eres el más inteligente de la mesa, estás en la mesa incorrecta," es la regla número uno.

Imagínate un barco donde todos los remadores son esclavos. Solamente les dan agua y comida y si ya no puedes remar te avientan al mar. El capitán está en su cabaña de lujo tomando ron y planeando el viaje. El capitán sabe a dónde van, como llegar, como leer mapas y navegar. Él manda y todos siguen. Ese es el jefe, los remadores los empleados. Un remador jamás podrá ser capitán. No importa qué tanto rema o si hace el trabajo de diez remadores. Por lo contrario, si hace muy bien su trabajo déjenlo ahí para no perderlo, no lo suban de posición. El capitán está separado de los remadores por título real, educación, y riqueza, todos producidos artificialmente por esa sociedad.

Ahora veremos una barca de vikingos.

En el territorio de Escandinavia, al norte de Europa, vivieron hombres y mujeres enormes que hubieran conquistado toda Europa si hubieran querido. Pero no querían gobernar, solamente querían robar y volver a sus casas. Ahora conocemos el territorio como Noruega, Suecia, Finlandia y Dinamarca.

Del siglo ocho al siglo once los vikingos aterrorizaron primero Inglaterra y después otros países europeos. Eran más altos y más fuertes que los otros europeos, con cabello rubio y tácticas de batalla nunca vistas en Europa. Aunque eran pocos, los vikingos vencían los ejércitos profesionales de Inglaterra, Francia, y otros países.

¿Quiénes eran estos vikingos? ¿Guerreros profesionales?

Los vikingos no eran un ejército profesional. Eran campesinos, padres y madres de familia. Se juntaban para embarcar hacia otros países y robar. Al regreso se repartían las riquezas y volvían a su vida familiar.

¿Cómo crees que remaban los vikingos en sus barcos? Los vikingos no eran esclavos, y no peleaban para la gloria de un dios, o de un rey. Si, su religión admiraba a los guerreros, pero la repartición de bienes era la motivación principal para remar, y para pelear.

Es por eso que nos tenemos que convertir en vikingos. Encontrar trabajos, negocios o proyectos que nos permitan remar tan rápido como queramos, y al final beneficiemos con algún tipo de repartición de ganancias. Si no estás en una barca vikinga, cámbiate. Si no estás motivado diariamente en tu trabajo o negocio, si no te inspira trabajar lo más posible sin parar, no estás en el barco correcto. Estas perdiendo tu tiempo y desperdiciando tus habilidades, tu inteligencia, y tu vida.

Igualmente, si tienes un negocio y empleas. No les haces el favor a tus empleados al contratarlos, es un "contrato," por eso el nombre. Ellos te dan algo, tú les das algo. Si no tienes como meta en hacerlos mejores personas en vida y en trabajo no manejas una buena barca. Estas perdiendo tu tiempo y el de tus empleados. Si crees que no tienes el equipo correcto, que tus empleados no están inspirados, cambia de empleados. Las excusas no son para emprendedores, son para desempleados, pues los que ponen tantas excusas se encontrarán en esa situación.

El patrón le hace como si le paga. El empleado le hace como si trabaja.

En México y muchos países latinoamericanos y alrededor del mundo este es un dicho común y acertado. Los patrones quieren explotar a los empleados, exprimirlos a lo máximo. Los empleados quieren trabajar lo menos posible, robar tiempo y dinero. Si no dinero se roban algún lápiz, papel de la oficina o sanitario, vasos, o mercancía.

Recuerdo mi madre dio cursos de concientización a los empleados hace muchos años. En un hospital los empleados, desde intendencia hasta doctores, admitían que se robaban plumas, gasas, jeringas o medicina. Hicieron la suma y descubrieron que el hospital necesitaba cinco pacientes diarios solamente para cubrir la merma de robo. A ese paso el hospital quebraría pronto y todos perderían sus trabajos. En este caso los jefes de departamento trataban bien a los empleados, no tenían quejas de los jefes o administración. Sin embargo, la costumbre de pagarse con mercancía estaba tan bien sembrada que no lo podían evitar.

¿Has visto empleados tomar papelería de la oficina o mercancía? ¿Qué tal perder el tiempo y no trabajar? Todo esto cuenta como merma. Todo esto le afecta al negocio. Si eres empleado o emprendedor, tienes que educar y tomar responsabilidad de esto. No solamente el emprendedor se beneficia de un negocio, todos los empleados, inversionistas, y hasta promovendores se benefician. La nación se beneficia con impuestos, y algunas veces la sociedad entera, pues queremos impulsar emprendedores sociales que ayuden a su pueblo, ciudad, o nación.

Lo repetimos, si eres empleado y robas porque no te gusta tu jefe, o te explotan, o estás inconforme, cámbiate de trabajo. Busca alguien que te aprecie, o lanza tu negocio y haz las cosas bien. Si eres emprendedor y tus empleados no son los ideales, cámbialos. Dale la oportunidad a alguien que quiere dejar huella, ganar más dinero, tener mejor ambiente de trabajo. Les tendrás que dar estas oportunidades. No pienses que con diez pesos más conseguirás los mejores empleados del mundo.

CAPÍTULO 2:

Trabaja Menos, Gana Más

Trabajar más, o con más esfuerzo, no es siempre lo mejor…

Las lecciones aquí serán simples de leer y un poco más sofisticadas en aplicar. La teoría es sencilla. No pierdas tu tiempo en trabajo que no hace dinero. Listo, esa fue la lección.

Se escucha muy sencillo, hasta que te encuentro mandando correos electrónicos, textos, en juntas y aceptando llamadas todo el día. El Gigante usa su tiempo de trabajo para ganar más dinero. No lo pierde en trabajo mundano. No importa si eres ejecutivo, empleado, o dueño de veinte negocios. Tu tiempo vale más que todo, especialmente más que tu dinero. Recuerda, siempre puedes ganar más dinero, pero nunca puedes ganar más tiempo.

Hoy en día estas más disponible que nunca. Desde tu teléfono puedes administrar tu negocio, contestar correos, entrar a llamadas de conferencia, y mandar textos a empleados. El problema es que eso te está quitando tiempo de lo que te hace dinero, la creatividad, lluvias de ideas, mentores, libros, mercadotecnia y ventas.

Al principio de mi carrera ejecutiva trabajaba muchas más horas para ganar más. Después pregunté qué era lo más importante para la empresa e hice eso, y gané más. Ahora de emprendedor busco trabajar menos y ganar más. El tiempo es lo que busco. ¿Cuál es la fórmula?

"Son una bola de flojos," decía mi abuela de todos, o de casi todos. Su padre y sus hermanos eran y son muy trabajadores, los que aún viven. Mi abuela trabajaba todo el día desde muy joven. Caminaba por el *boulevard* de la ciudad de Tijuana, México, vendiendo tarjetas de presentación, calendarios, facturas y otros productos de imprenta. Regresaba a casa a cocinar, lavar, y corretear seis hijos. El marido se fue desde hacía mucho dejándola sola y sin casa. Mi abuela sobrevivió con trabajo. Trabajaba vendiendo, trabajaba en la casa, no podía ver a nadie sin trabajar.

"Tienes que trabajar," me decía. Es todo lo que escuchaba en casa, "Tienes que trabajar." La ética de trabajo la aprendí primeramente de mi abuela, después de mi mentor, en mi primer trabajo como profesionista.

No en todos los trabajos puedes trabajar más y ganar más. Mi primer trabajo después de la universidad me llevó a Alemania; donde ganaba poco y trabajaba mucho. "Serás el primero en entrar y el último en salir," me advirtió mi jefe. "Cuando sabré que debo salir," le pregunté. "Cuando apaguen las luces," me contestó. Pues bueno, qué le vamos a hacer.

Mi trabajo en Alemania vino de suerte. O de oportunidad. Mucho de lo que veremos en el libro y en la vida de emprendedor es de actitud, de oportunidad, de punto de vista. El trabajo no me cayó del cielo. Nunca lo encontré buscándolo como todos buscamos trabajo, revisando el periódico o el internet y aplicando a trabajos. Así piden trabajo todos los demás, ahí no están las oportunidades.

Después de la universidad apliqué para todos los trabajos que encontré por internet y todos los periódicos. Al no encontrar trabajo en mi rama, o lo que creía era mi rama, busqué en otras ramas. Al no encontrar trabajo busqué en otras ciudades. Nada de nada.

Fue entonces que apliqué de maestro de Ingles a foráneos. Di clases a presidentes de empresas de todo el mundo, de Asia, de Europa, de Latinoamérica. No ganaba mucho dinero en mis clases, pero trabajaba diligentemente y con mucha energía. Después del trabajo invitaba a mis alumnos a comer, a cenar, al café, a platicar. Era el único maestro que se tomaba la molestia de hacer vida social con los alumnos. "No me pagan por eso," me decían los maestros. Yo lo veía de otra forma. Si, era importante para la escuela, pero más importante para mí. Mis alumnos viajaban de todos lados del mundo y lo creía mi responsabilidad pasearlos y mostrarles la ciudad. Así fue como me ofrecieron un trabajo, el mejor trabajo de mi vida, con una oportunidad de crecer, viajar, y lanzar mi carrera de cero a presidente de una empresa en 16 meses.

Uno de mis alumnos era Christian Hoffmann. Un alemán de casi dos metros de estatura, jefe de operaciones de una empresa de software en su país. Mi ética de trabajo, atenciones y amistad le llamaron la atención y me ofreció un viaje todo pagado a Alemania. "Ven de vacaciones, si te gusta el país y la empresa tienes trabajo, si no, no pasa nada," me dijo. Uno de mis sueños era ir a Europa. Primero era mi sueño en la preparatoria, después, al ver como mis compañeros universitarios iban, era mi sueño durante la carrera. Tal vez pasar un verano viajando por Francia, visitar Paris y bajar a España. El sueño seguía ahí, pero la realidad del trabajo lo hizo pequeño. Sabía que tenía que trabajar por los siguientes diez o veinte años. Después de esto podría ahorrar y viajar a Europa. En mis ratos libres leía de viajar por Europa y buscaba programas en la televisión sobre qué lugares visitar. Luego me imaginaba como caminaba por esos lugares disfrutando de turista.

Ahora ya me estaban invitando a un viaje todo pagado a Europa.

"Tengo muy buena suerte," le digo a todos los que me preguntan cómo pude obtener este trabajo. "Todo lo bueno me pasa," les cuento a mis amigos y conocidos. En realidad, yo comprendo que es más que suerte. Es la carretera de oportunidad encontrada con la de preparación y la de actitud.

Suerte = preparación + actitud + oportunidad.

"Te envío los boletos de avión por correo," me dijo Christian por teléfono desde Alemania. Hablábamos en inglés, yo con mi acento mexicano, el con su acento alemán. Empaqué mi maleta para pasar dos semanas en Alemania y visitar el Este de Francia pues Christian tenía una oficina en León, Francia.

Mi primer viaje internacional, y mi primer viaje solo. Solamente había tomado el avión para ir a Hermosillo y otros viajes de menos de dos horas. Este sería de doce horas incluyendo escala en Chicago. Gloria, mi esposa, en aquellos tiempos mi novia, estaba muy nerviosa. "¿Sabes cómo trasladarte a la terminal internacional en Chicago?" Me preguntó. "Ni idea," le contesté. Más se preocupaba. Dándome instrucciones de cómo llegar de un lugar a otro. Debo confesarles que soy medio distraído. Algunos dirían que soy bastante distraído. Bien, lo admito, soy súper distraído. Varias veces me pasé la salida de mi casa por la carretera. Aun así, no estaba nervioso por el viaje internacional. "¿Qué tan difícil podría ser?" pensé. Soy distraído, no tonto.

Un día antes del vuelo fui a revisar si habían llegado los boletos de avión. Nada. Regresé a mi casa a llamarle a

Christian por teléfono. Yo no tenía teléfono celular. "Christian no llegaron los boletos," le dije preocupado. "No, los boletos estarán en la taquilla. Ahí te esperarán mañana. Regístrate y recógelos," me contestó, "Ahí te estaré esperando en el aeropuerto de Dusseldorf." "Bueno," pensé. Así lo haré.

Esa noche me quedé a dormir en la casa de mi tía. No quería llegar tarde al aeropuerto de San Diego, California por la espera en la frontera. Fuimos al aeropuerto en equipo Gloria, mi abuela, mi tía Lissette, mi mama y yo. Estacionamos el auto y nos bajamos todos en bola. "Han de creer que soy un inútil," pensaba, pero contento de tener tanta compañía.

Por supuesto que cuando fui a pedir mi boleto de avión no había nada. Los boletos nunca llegaron. Ahora si estaba nervioso y preocupado. Pregunté por todos lados, en todas las taquillas. El vuelo salía en dos horas y yo sin boleto. Busqué un teléfono público y marqué cero. "Por cobrar a Alemania por favor," le pedí a la operadora. "Hoffmann" contestó Christian como de costumbre. Aceptó la llamada y le expliqué el grave problema. Escuchó todo y me dio instrucciones. "Compra un boleto y te regresamos el dinero acá en Alemania," me dijo. Tapé la bocina y les repetí a todos lo que me decían. "Christian, el vuelo cuesta mil dólares. Yo no tengo mil dólares" le dije.

"Yo lo pongo en mi tarjeta" dijo Gloria inmediatamente. Le repetí a Christian y se arregló el problema de inmediato. Por suerte había boletos disponibles. Me despedí de todos y mi aventura comenzó. Primero de vacaciones y después de trabajo. Christian me dio mi primer trabajo de tiempo completo, fue mi primer mentor, y me enseñó a trabajar.

"Serás el primero en entrar y el último en salir," me dijo Christian. Aquí fue cuando me quedaba hasta que apagaran las luces del edificio. Era mi toque de salida. Trabajar no era difícil. Yo iba a trabajar, no a bromear o a perder el tiempo. No ganaba mucho dinero, pero tenía automóvil y vivienda de la empresa. Mandaba la mitad de mi sueldo a casa para poner electricidad, agua, drenaje y arreglar algunas cosas, como las goteras que habíamos tenido por dieciocho años.

Aprendí mucho en Alemania y aún más de Christian. Él se levantaba a las tres o cuatro de la mañana y manejaba tres horas para visitar a los clientes antes de que ellos llegaran al negocio. Se ganaba el respeto de sus clientes con trabajo, y así se ganó el respeto del dueño de la empresa. Una de las lecciones más importantes fue de trabajar al cien. Dar todo y con gusto y esperar compensación basada en resultados. Yo tuve suerte, y hablaremos más de la palabra suerte. Pero tuve suerte (Suerte = preparación + actitud + oportunidad) de haber conocido a Christian y haber trabajado para él. Suerte en que me dio su amistad y suerte de que fue mi mentor y amigo.

Por doce meses trabajé al cien. No me quejé, no pedía nada. Cuando tenía problemas con colegas, con gerentes o de cualquier otra cosa, me aguantaba. Por ejemplo, en un viaje largo a España de cuatro meses mis colegas me pedían el automóvil para viajar a ver a sus clientes. Yo sabía que estaba mal, pero como era para negocio no decía nada. Dejaban el auto sin gasolina y yo lo cargaba y mandaba los gastos al corporativo. Así fue como Christian se enteró que me aguantaba de todo. Me marcó por teléfono "¿Por qué estas metiendo gastos de gasolina de Madrid si no vas a Madrid?" me preguntó Christian. "Pues mi colega se lleva el auto a Madrid los lunes y me lo regresa los sábados," le contesté. "¿Por qué no te lleva con el cliente? Me preguntó. "No quieren que vaya a ver a los clientes," contesté. Christian me hizo más preguntas después de contarle todos los problemas que tenía y los malos ratos me regañó. "Tú trabajas para mí, y mis empleados se merecen lo mejor. Así como yo espero lo mejor de ti tú lo esperas de mí."

Ya estaba entendiendo. Se trabaja mucho, pero hay beneficios, primero como empleado, después con dinero. Mi jefe siempre me trató bien, me dio el mejor equipo, laptop nueva, oficina de lujo, después automóvil y hasta un lugar para vivir todo pagado. Viajé por todo el oeste de Europa visitando cada ciudad varias veces, disfruté al máximo con más de un mes de vacaciones pagadas y si, trabajé mucho.

Después de un año de trabajo en Europa fui a visitar a Christian a su casa. "Quiero ganar mucho dinero," le dije. "¿Que tengo que hacer para ganar mucho dinero?" le pregunté. "¿Cuánto quieres ganar?" me preguntó. Esa pregunta era tan relativa. Yo no sabía cuánto era mucho dinero. Sabía que no ganaba mucho, o no se me hacía mucho, a pesar de que nunca había ganado tanto dinero en mi vida. Ganaba más que mi abuelita y mi mamá juntas. Creo que mi mamá nunca ganó tanto como yo en ese primer trabajo. Aun así, mis expectativas y metas eran mucho más grandes. "Quiero ganar cien mil dólares," le dije a Christian. Era el número más grande que me podía imaginar. Cuando paró de reírse, me dijo lo que tenía que hacer para ganar esas cantidades de dinero.

¿Cuál Es Tu Trabajo?

Aquí aprendí mi segunda lección de trabajo. Consíguete un trabajo donde te paguen por tu contribución, no solamente por tu trabajo. Esta lección es muy importante. La mayoría de los empleados creen que su trabajo es "hacer algo," cuando en realidad su trabajo es "hacer dinero." Si eres diseñador, programador, ensamblador, mecánico, contador, gerente o cualquier otro empleo tu trabajo es asegurarte que la empresa gane dinero. Si no gana dinero, no hay trabajo.

En muchos países, incluyendo a México, los dueños de las empresas o gerentes no permiten a sus empleados tomar decisiones, o comprender los procesos de la empresa. "Ese no es tu trabajo," les dicen. Tu trabajo es hacer lo que te digo. Esto no funciona ni para el negocio ni para el empleado. Si estás en esa situación como empleado salte de tu trabajo o situación. Si eres el emprendedor cambia tu estilo antes de perder a tus mejores empleados.

Tu trabajo es que la empresa gane dinero. Que los clientes estén contentos y obtener nuevos clientes. Si haces esto la empresa estará saludable y tendrás trabajo. Si lo haces bien puedes ganar mucho. Si la empresa no te quiere compensar por atraer a clientes nuevos o por hacerle ganar más, entonces estas en la organización incorrecta y ocupas hacer un cambio. No te preocupes, alguien te está buscando, alguien busca superestrellas para sus negocios. Si eres emprendedor o lo serás, tú quisieras a tales superestrellas.

Así lo fue en mi trabajo. Christian me explicó que no importaba que trabajara todo el día si no había una entrada extra de capital a la empresa.
"Lo más importante es traer dinero," me dijo. "Si traes dinero ganas más."
"¿Qué tengo que hacer para traer dinero?" Le pregunté inmediatamente.
"Tienes que vender instalaciones nuevas de software o tienes que vender consultoría diariamente y ganar un porcentaje," me dijo.
"¿Y cómo se gana más?" le pregunté.

"Se gana más vendiendo software. Ese es el modelo de negocio de la empresa. Si vendes, ganas lo que quieres," me explicó

"¿Y cómo hago eso?" le pregunté.

"Te mandaré a los Estados Unidos, México y Canadá a vender el software. Puedes abrir una oficina y vender el software desde ahí." Me contestó.

"Eso es lo que quiero hacer," le dije sin pensarlo.

Nunca había vendido software. El software ni siquiera estaba traducido al español o al inglés, estaba en alemán. Era un software empresarial corporativo que incluía desde producción hasta contabilidad, inventario y ventas. Costaba desde $250,000 dólares hasta millones. Ahora tenía trabajo nuevo, vender software.

No fue fácil vender software en alemán, con contabilidad de otro país y de una empresa que nadie conocía. Creo que cuando eres joven nada de eso te importa. Tienes una meta y eso es lo que cuenta. Esa es la mentalidad de un emprendedor. Yo no lo sabía, pero este era el comienzo de mi educación emprendedora.

Para iniciar ventas hicimos una campaña de mercadotecnia de Respuesta Directa en Estados Unidos y en Canadá. Mandamos cartas personalizadas a los gerentes de las empresas que queríamos como clientes. Respuesta Directa o en inglés *Direct Response* es mi mercadotecnia favorita.

Es donde puedes medir la respuesta de tu campaña. Si lo puedes medir, es Respuesta Directa, si no, es publicidad.

La campaña era sencilla. Mandamos cartas de dos páginas en sobres tamaño carta a los dueños de plantas de producción de carne, nuestros clientes perfectos. Les prometíamos un reporte gratuito acerca de cómo incrementar sus ganancias de producción. Para pedir el reporte podían mandar un fax, hablar a un teléfono o mandarnos una postal pre-pagada. Funcionó muy bien y muchos negocios estuvieron interesados.

A los interesados les mandamos un reporte tipo revista a todo color en un sobre transparente. El reporte estaba muy bien hecho y el seguimiento fue una llamada telefónica para platicar de sus necesidades de software. No es una venta fácil, y no es una venta corta. Es tan difícil vender software de este tipo que Christian me dijo que lo regalara. "El primero y el segundo siempre son gratis," me dijo. "Les cobramos la instalación solamente." Esto lo hacia la empresa para crear confianza y tener un caso de éxito. Nadie quiere arriesgarse y ser el primero con un software alemán. Las instalaciones pueden durar de diez a veinte meses. Y es una inversión muy grande.

De ahí me la pasé en el teléfono y en el avión. Dando presentaciones, regresando llamadas y tratando de vender software. Recuerdo que, al verme tan joven, los dueños de las empresas me preguntaban "¿Dónde está tu papá?" Tenía veintiocho años y parecía de dieciocho. "No es la empresa de mi papá," les decía. "Y tú que me vas a enseñar de producción," me decían los señores, la mayoría en sus sesentas.

Como ya les platiqué, no era fácil vender software. Antes de cada viaje mi jefe me decía "Los dos primeros son gratis." En este viaje regresé con un cheque y una venta de más de medio millón de dólares. Christian, mi jefe, no lo podía creer. Se reía y decía algo en alemán. Le habló al dueño de la empresa para contarle, muerto de la risa. "¡No lo regaló!" le decía en alemán. De ahí cerré otro contrato millonario a los treinta días. Christian cumplió su palabra y me pagó mucho más de lo que le había pedido. Jamás me hubiera imaginado ganar más de cien mil dólares. Hace un poco más de un año antes no tenía para gasolina, no tenía agua caliente, unos años atrás no tenía ni agua ni luz. Ahora era el presidente de una empresa de software en los Estados Unidos.

Recuerda que esto fue por dos motivos. Primero, entender cómo la empresa gana dinero y qué es lo que más quieren, vender software a empresas nuevas. Segundo, encontrar una empresa que esté dispuesta a compartir ganancias o compensar si se alcanzan metas.

Repetimos la lección. Si eres empleado o ejecutivo, no midas tu trabajo en horas, en entregables, en cuantos correos mandas o cuantas juntas asistes. Mide tu trabajo en contribución de dinero. Cuánto dinero hacen tus horas, tus entregables, tus correos o tus juntas. Si no hacen dinero, cambia de departamento a donde si hagan dinero. Si no es posible, cambia de trabajo. Si eres emprendedor, busca empleados interesados en hacer una diferencia en dinero y págales bien. Si no lo haces me los voy a robar. Si tu tiempo a la vez está en juntas, correos electrónicos y haciendo contabilidad o administración, estas mal. Cambia tus labores a las que hacen dinero. Así comienzas a convertirte en Gigante y doblar tu negocio.

Ser Empleado No Es Malo

Este libro es de emprendimiento. Sin embargo, yo aún no sabía qué era ser emprendedor. Yo buscaba el camino de llegar a ejecutivo para ganar dinero. Al final esto me ayudó mucho en mi vida de emprendedor. En un corto plazo aprendí como manejar proyectos, empleados, ventas y contabilidad. Mi jefe me dejaba experimentar y cometer errores. Aprender aceleradamente y darme topes cuando no me salía algo. Al mismo tiempo me enseñaba y motivaba. Yo no aprendí esto en casa, yo lo aprendí en el trabajo. Por eso creo que ser empleado es muy bueno, pero si tienes el trabajo correcto.

Mi jefe se salió de esta empresa y yo hice lo mismo. Lo hice por solidaridad y por amistad. Me quedé sin trabajo de un día a otro. Creí que sería fácil conseguir otro trabajo de ejecutivo. Pero no hay tantos trabajos como gerentes de empresas de software que paguen mucho dinero.

Apliqué a todos los trabajos del periódico, del internet, de todos lados. Mandé mi currículo, apliqué en línea. Obtuve ocho llamadas y dos entrevistas. Todas fuera de la ciudad. Pero, en fin, quería trabajar donde sea. No me dieron ninguno de los trabajos. Entonces apliqué mis estrategias de mercadotecnia de respuesta directa para tratar de obtener un trabajo. Busqué todas las empresas de software de las ciudades donde quería trabajar y les mandé una carta por correo electrónico directamente a los dueños. No mandé currículo, no mandé carta de introducción. Envié una carta personal de quién era, cómo crecí, cuáles eran mis valores y mi ética de trabajo. Me hablaron para una entrevista y me ofrecieron el trabajo después de treinta minutos. Vicepresidente de Ventas de una empresa de software de gestión de proyectos. De nuevo me compensaron por hacer las cosas de forma distinta.

Te recomiendo busques trabajo cuando no lo necesites. Si te esperas a perder tu trabajo lo que ocupas es dinero inmediato, dinero para pagar la renta mañana. Esta no es una buena posición. Si tienes trabajo y una entrada de dinero puedes esperarte a conseguir el mejor trabajo posible. Si no trabajas en una empresa donde aprendes, mejoras, o tienes una educación de emprendimiento, busca otro trabajo.

Para buscar trabajo enfócate en encontrar un equipo y un jefe, no un trabajo. Que tu equipo y tu jefe te ayuden a alcanzar tus metas, y tú las de ellos. Asiste a juntas de negocios, de la cámara de comercio, de emprendedores, de tecnología. Busca incubadoras y otros eventos en tu ciudad donde encuentres emprendedores y equipos. Toma un papel activo en la búsqueda de tu trabajo, no pasivo. El pasivo sería buscar en el periódico y en línea y luego aplicar. Esto hace toda tu competencia. Así no encontrarás una oportunidad, solamente un trabajo.

Cuando yo busqué mis trabajos no tenía relaciones. No pude hablarles a amigos o familiares a que me consiguieran entrevistas. Tal vez es por eso por lo que no encontraba nada. Relaciones humanas es la mejor forma de conseguir tu trabajo emprendedor. Si como yo, no tienes las relaciones correctas, hazlas. Asiste juntas de todo lo posible, cursos, ve al café a leer y platica con alguien, ayuda a otros a resolver sus problemas. Empieza a hacer relaciones hoy. No te preocupes si eres introvertido o tímido. Yo no soy extrovertido, pero soy social, y he practicado platicar con extraños en el café, gimnasio o en una reunión. Hablaremos extensamente acerca de personalidades en otro capítulo.

Como siempre, olvídate de excusas.

Platicaba ayer con mi prima Laura de España. Viene cada dos años a visitarnos y siempre la pasamos muy bien. En esta ocasión hablábamos del empleo, desempleo y forma de pedir y contratar en España. Después de que le di mis puntos de vista de cómo buscar empleo me dijo lo que me esperaba. "En España no es así." Esto es completamente normal. Igual me han dicho anteriormente "En México no es así en Estados Unidos no es así, en Brasil no es así, en Canadá no es así, en Alemania no es así, en Argentina, Colombia, Perú, Chile, no se hacen las cosas igual, no es así.

Aclaramos un punto ahora para que no tengan duda en el resto del libro. En todo el mundo hay empresarios y emprendedores que quieren solucionar problemas, crecer su negocio y hacer más dinero. Si tú les ayudas a sus metas te pagarán más. Así de sencillo. Si tú eres el emprendedor, o cuando lo seas, tus metas serán las mismas. Quieres resolver problemas, crecer, y ganar. Si encuentras empleados que ayuden a tus metas les pagarás más. Admito, no es lo mismo si trabajas para el gobierno o para una empresa grade. Ahí hay burocracia, tal vez tu jefe no quiere trabajar y no le importa si le hechas ganas. En este caso volvemos al consejo de "busca otro trabajo." La vida es corta, muy corta, no pierdas tu tiempo con los que pierden tu tiempo.

En mi vida de consultor y mentor he trabajado con clientes de Canadá, Estados Unidos, México, Costa Rica, Argentina, Perú, España, Alemania, Francia, Austria, Italia, Australia, Inglaterra, Sudáfrica, entre otros países. Todos y todas emprendedores. Todos con la misma mente y misma motivación. Es por eso por lo que les comento que los emprendedores tienen las mismas metas, y los mismos problemas, encontrar empleados estelares.

CAPÍTULO 3:

Fórmula de la Buena Suerte

Suerte = preparación + actitud + oportunidad

El cruce de la preparación, actitud y oportunidad hacen la suerte. La suerte en los negocios no es ganarte la lotería. La suerte para el emprendedor es trabajar, estar temprano en el evento, regresar cien llamadas, escuchar problemas y soluciones, estar siempre de buen humor, optimista y preparado.

José Antonio, uno de mis clientes que asesoro, me dijo que tenía muy buena suerte. Todos mis clientes tienen buena suerte, pero bueno, es parte de su actitud. En fin, me dijo que tenía muy buena suerte pues lo mencionaron en un artículo de una revista como experto en su industria. El artículo se quedó en la página de internet de la revista por mucho tiempo y vendió más de cien mil dólares directamente de ese artículo.

- ¿Qué hiciste para que te dieran publicidad? Le pregunté.
- Todas las estrategias que me diste. Me dijo.
- ¿Tenías listo tu media kit y toda la información para la prensa?

- Claro que sí. Me dijo.
- ¿Construiste tu *funnel* para capturar interesados con tu video y todo eso? Le pregunté.
- Sí, sí, todo lo tenía listo. Me dijo.
- ¿Les diste seguimiento a todos los interesados? Le pregunté.
- Claro que sí. Les hablé a todos y les di seguimiento. Les mandé el contrato, les di más seguimiento. Ocho llamadas mínimo para cerrar cada cliente.

A lo que José Antonio le llama suerte muchos le llamarían mucho trabajo y mucha preparación. Como él estaba listo para recibir todo el interés pudo capturar y dar seguimiento a mucha gente.

¿Te imaginas si no hubiera tenido todo listo para capturar interés en línea? En este caso José Antonio siguió todos los procedimientos correctos de mercadotecnia. Pero antes tuvo que aprenderlos. Esto le tomo tiempo y dedicación. En su caso un año completo.

Preparación
La preparación es el estudio, experiencia, la escuela, leer, escuchar audios, sentarte con gente inteligente, hacer preguntas, observar, y admitir que eres un estudiante eterno. En mi caso, como podría ser el de muchos de ustedes, no tenía absolutamente nada de experiencia. Bueno, tenía algo de experiencia de vida y de trabajos de

medio tiempo y muchas ganas de aprender. Lo que si tenía que todos tenemos es acceso a libros.

El Emprendedor es Aprendedor. Hablaremos extensamente de aprendizaje. De qué aprender, cómo, y cuando.

Muchas veces no entendemos por qué nos preparamos tanto. Leemos, vamos a seminarios, a la escuela, estamos a las dos de la mañana viendo videos de mercadotecnia. ¿Para qué toda esta preparación? ¿Cuándo veremos resultados?

No verás los resultados lentamente, parcialmente. Los resultados vienen en grande. En un proyecto, en una junta, cuando un inversionista o un cliente se da cuenta que estás preparado. Que sabes de lo que hablas. Esto puede ser instantáneo y espontáneo.

Aún más importante. La preparación es para cuando venga la oportunidad.

Siempre hay oportunidades. El problema que tienes, y que tengo, es que no podemos estar ahí, no vemos la oportunidad, o no estamos preparados.

Para empezar, si no estás preparado es probable que ni veas la oportunidad. Es muy posible que no puedas identificar el modelo de negocio, lo que la persona con la oportunidad valora, o lo que quiere de ti. Esto es normal. Hay cientos o miles de modelos de negocio y no puedes conocerlos todos. Ahora, con la preparación, podrás conocer muchos.

Actitud

La actitud es lo casi igual de importante que todo lo demás. Tal vez aún más importante.

¿Cómo puede ser más importante la actitud que la oportunidad y preparación?
La actitud te mantiene en el juego. La actitud no deja que te des por vencido o vencida. Cuando te va mal, cuando nada te funciona, cuando pierdes dinero, sucede algo con tu familia, te dicen que mejor tomes un trabajo. Ahí es cuando la actitud rifa.

No será fácil cambiar tu actitud. Pues esta no aplica solamente al negocio. Tu actitud aplica a la vida. Cómo vez a tu familia, a los demás, tu suerte, la política, los vecinos, a los que te desean mal. ¿Puedes mantenerte positivo o positiva por un día? No pitar el claxon en el auto, no enojarte con tu pareja, no regañar a tus hijos. ¿Puedes estar sin enojarte todo el día? ¿Qué tal dos o tres días? ¿Puedes estar de buenas por doce meses? Esto incluye mantenerte positivo, no enojarte, sonreír todo el día, y ver el cada mañana como un regalo.

No es fácil tener buena actitud todo el tiempo. No solamente motivación sino una actitud realmente positiva hacia la vida. Tal vez esto te toma un poco de tiempo y esfuerzo. Tal vez te tomó mucho. Lo importante es que siempre estés tratando y evolucionando. Que llegues a tener una actitud premiada.

Oportunidad

Las oportunidades están por todo el mundo. Están en tu casa, con tu vecino, en la escuela, en los problemas de la vida cotidiana. Estas son las oportunidades autogeneradas. Oportunidades presentadas son otras, estás son las que alguien te trae. Un negocio, una venta, una nueva sociedad, alguien invirtiendo en tu empresa.

No estamos hablando de buenas ideas por el momento. Hablamos de oportunidades. Si hablaremos de ideas y modelos de negocio extensamente en otros capítulos del libro.

Exploramos por lo tanto dos tipos de oportunidades. Las autogeneradas y las presentadas. Las oportunidades autogeneradas son las que encuentras por ti mismo. En este ejemplo, observas un problema y traes una solución. La segunda, la oportunidad presentada, es la cual viene por medio de otra persona. En esta un cliente, socio o un conocido nuevo te propone una oportunidad de negocio. Pon bastante atención a esta oportunidad. La mayoría de estas vienen sin que te des cuenta. No esperes un ángel que viene y te diga "aquí esta una gran oportunidad," así no funciona. Las oportunidades podrían venir de lugares y personas inesperadas, con motivaciones que tal vez no comprendes. Algo aun más importante es que te prepares para cuando estas oportunidades llegan. Lo mas probable es que no estas preparado o preparada en este momento. Prepárate con todas las recomendaciones que encontraras en este libro. Con tu preparación como líder, en negocios, leyendo, en comunicación, y mercadotecnia, cuando llegue la oportunidad, podrás identificarla y aprovecharla.

Oportunidad Autogenerada

Cuando te das cuenta de que hay un problema sin solución y se te ocurre cómo solucionarlo es un ejemplo perfecto de una oportunidad autogenerada. Viste el problema, inventaste un producto o servicio, y ahora vas a venderlo.

Por ejemplo. Un emprendedor cavernícola frustrado cada vez que se le acababan los rastrillos o cartuchos para rasurarse decidió comenzar una empresa. Algo diferente, enviar rastrillos y cartuchos por envío de paquetería a domicilio. Su modelo era de suscripción mensual, unos años después vendió su empresa a Unilever por un billón de dólares.

Oportunidad Presentada

Tal vez ya tienes tu negocio, tal vez no. No importa. Alguien te puede presentar una excelente oportunidad que cambia tu vida. Esto puede ser con una sociedad, con una posición gerencial en una empresa. ¿Qué tal un cliente que le gusta tanto tu empresa que invierte para crecerla diez veces más?

El punto aquí no es la oportunidad. Confía en mí. Hay miles de oportunidades. El punto aquí es tener la preparación y la actitud para poder reconocer la oportunidad y poder actuar.

El uno de los ejemplos José Antonio, siguiendo unas estrategias de publicidad, cerró $100,000 de negocio. Esto fue porque identificó la oportunidad de publicidad. Pudo identificarla puesto que estudio publicidad, mercadotecnia, y lo que ocupan los reporteros. Estaba preparado con todo el material de seguimiento y automatización para cientos de clientes.

Tengo decenas de ejemplos de otros emprendedores que por suerte obtuvieron tráfico para su página de internet, o la oportunidad de presentar frente a miles de personas para inversión. Todo se fue a la basura pues no estaban preparados con sistemas, o con el seguimiento con audios, videos, podcasts, correos, artículos y otra variedad de técnicas de seguimiento.

CAPÍTULO 4:

La Multiplicidad del Emprendedor

Emprendedores hacen emprendedores. Si cien emprendedores ayudan a diez emprendedores cada uno. No a la vez, pero en cinco o diez años. Los emprendedores se convierten ya en cien emprendedores. Si esto sucede de nuevo, ahora hay mil emprendedores. Luego diez mil, y pronto cien mil y un millón de emprendedores en cuarenta años. Todo comenzando con diez emprendedores. Si eres emprendedor, haz tu parte y ayuda a diez. Un emprendedor anualmente o todos a la vez. Esto es lo que sucede en países como Estados Unidos. Esto es lo que ocupamos en México y el resto de Latinoamérica.

¿Por qué no hay miles de emprendedores en México y si en otros países como en Estados Unidos?

La cultura del emprendedor es nueva en México y en otros países de habla hispana. Esto lo heredamos de España cuando Estados Unidos heredó su emprendimiento de Inglaterra. ¿Qué pasó en España y que pasó en Inglaterra? ¿Cómo podemos hacer cambios en la cultura emprendedora?

La filosofía de controlar la economía y dar pedazos de contratos a la familia y amigos ricos y políticos no es un invento mexicano. Los Reyes Católicos de España, La Reina Isabel I de Castilla y el Rey Fernando II de Aragón, Reyes durante la conquista de América, tenían la filosofía de control de bienes, de que todo pertenece a Los Reyes. Cuando ellos querían enviar barcos a América los financiaban al cien por ciento y se quedaban con todas las ganancias. Si necesitaban dinero y pedían préstamos muchas veces no pagaban los préstamos y declaraban que era para ayudar a la corona.

El pedir préstamos y no pagarlos podría ser una buena estrategia para hacer dinero a corto plazo. A largo plazo arruina tu crédito y tu credibilidad. Esto precisamente fue lo que sucedió con España. Los reyes pedían dinero y no lo pagaban, muy pronto ya no podían pedir préstamos, ahora no tenían dinero para expansión y proyectos de infraestructura, o para sobrevivir en malos momentos. Esto es una monarquía absoluta. Los reyes toman las decisiones, son dueños de toda la tierra, toda la infraestructura, todos los negocios grandes, y se quedan con todos los impuestos. Al mismo tiempo ellos tienen que hacer todas las inversiones.

En 1492 y los años siguientes la corona española mandó múltiples expediciones a América para explotar y conquistar. La inversión hecha cien por ciento por la corona. Esto requirió mucho dinero e inversión, toda hecha con dinero de la corona. Ellos tomaban todo el riesgo y se quedaban con todas las ganancias.

En otros países como Holanda e Inglaterra la corona no controlaba todas las expediciones. Con una mentalidad capitalista, estos países mandaban barcos por todo el mundo, pero no los pagaba la corona. En estos países los barcos eran capitalizados por inversionistas. Estos podían incluir los reyes, otros miembros de la realeza, comerciantes e inversionistas. Si la expedición hacía dinero todos gozaban de las ganancias. Si el barco se hundía o no hacía dinero, no llevaba a nadie a la bancarrota pues había muchos inversionistas.

¿Cuál fue el resultado? Aun vemos los resultados de esa decisión. El Reino Unido tiene la quinta economía más grande del mundo. España tiene la quinceava más grande según el Banco Mundial. Esta cultura fue importada de España a México y Latinoamérica, donde el gobierno y los gobernantes se benefician de los bienes naturales, infraestructura, petróleo, minas, y de los impuestos. Estados Unidos importó su cultura comercial de los ingleses. Estos permiten exploración y comercialización de bienes naturales y facilidades para abrir corporaciones y establecer comercios. La facilidad de abrir una corporación o entidad comercial sin obstrucciones de gobierno es directamente proporcional al comercio del país. Si es fácil abrir un negocio, no ocupas abogados ni mucho dinero, más personas abren el negocio. Así de fácil.

Clonando Emprendedores

¿Se puede clonar emprendedores? Claro que sí.

En Estados Unidos la vida de un emprendedor es así:
1. Nace
2. Crece
3. Se reproduce
4. Muere

En México y Latinoamérica es así:
1. Nace
2. Crece
3. Muere

¿Qué sucedió? ¿Dónde está el paso natural y biológico de la reproducción? Se perdió en nuestra evolución.

Emprendedores Clonados

En Estados Unidos la mayoría de los emprendedores no tienen dinero viejo, de familia. Lanzan sus negocios arriesgando su tiempo y dinero. Muchos de ellos como yo, arriesgando su casa y todos sus ahorros. Estos emprendedores pasan por todas las etapas de experiencia y aprendizaje. Aprenden por buenas y por malas. Algunos sin ayuda, pero la mayoría con algún tipo de ayuda de alguien.

De amigos, de colegas, inversionistas, o de algún programa de gobierno.

En mi vida de emprendedor he apostado todo lo material y emocional. Más de una vez perdí todos mis ahorros, más de una vez hipotequé mi casa para comprar inventario cuando tenía mi distribuidora. La experiencia adquirida en mis negocios y trabajando con cientos de emprendedores es pasada a los nuevos emprendedores como tú. Es así como funciona el clonaje.

En Estados Unidos cuando los emprendedores crecen en edad y experiencia empiezan a ayudar a otros emprendedores. Hay grupos y equipos designados a esto por toda la nación. También lo hacen en asociaciones y cámaras de comercio y de otras formas. Cuando un emprendedor gana mucho dinero en su empresa la vende y se dedica a invertir y a enseñar.

He estado en decenas de juntas de inversionistas por todo Estados Unidos y México. En Estados Unidos vi a miles de inversionistas conocidos como *Angel Investors.*" Al sentarme a platicar con ellos casi todos tienen algo en común. Vendieron una de sus empresas, ganaron mucho dinero y ahora se dedican a enseñar a nuevos emprendedores. En alguna ocasión también invierten su dinero en los emprendedores y sus proyectos. Estos solo invierten en negocios que conocen muy bien y donde pueden ser un buen mentor para el emprendedor.

Este ciclo es común en Estados Unidos. Después de que el emprendedor nace y aprende, se reproduce. Hace o ayuda otros emprendedores. Algo tan sencillo como esto tiene un impacto enorme en la cultura comercial. Toda la experiencia y todo el conocimiento siguen delante de emprendedor a emprendedor. No uno por uno, sino exponencialmente. El emprendedor aprende algo y se lo enseña a diez emprendedores. Ahora este conocimiento se aplica por diez. Estos diez lo hacen de nuevo con diez más, y así se multiplica.

Igual sucede con el dinero. Los emprendedores seriales no se quedan con un negocio toda su vida. Lo venden y empiezan otro, y otro, luego dos, tres, cuatro. Usan el dinero no solamente para comenzar negocios nuevos, sino para impulsar a jóvenes emprendedores y que ellos trabajen. No se adueñan de sus negocios, no van a trabajar a sus negocios, son inversionistas. Tal vez están en el consejo y ayudan como consejeros o mentores. Esto hace que se multiplique no solamente la sabiduría del emprendedor sino también la experiencia y el dinero.

Anti-Clonaje

En México y Latinoamérica tenemos una historia completamente distinta. Los emprendedores no se reproducen.

El emprendedor mexicano muchas veces tiene dinero de sus papás y abuelos. Incluso los emprendedores que hicieron su dinero desde abajo ya se convirtieron en realeza. Hay una línea que separa a los emprendedores de la vieja guardia con los nuevos emprendedores. Los viejos emprendedores crecen sus negocios e invitan a su familia a trabajar. Los hijos se hacen gerentes y hasta los nietos. Cuando hacen mucho dinero lo invierten en el negocio, o en bienes raíces. No invierten en otros negocios y no se convierten en mentores de otros. Si, son mentores para sus hijos, y si podrían comprar un negocio, pero no invierten. Hay una gran diferencia en esto.

Cuando un emprendedor mexicano compra un negocio pone a sus hijos en el negocio. No pone dinero y ayuda, ahora el negocio le pertenece. Esto anula la multiplicidad del emprendedor. Cuando viajo por México buscando inversión para distintos proyectos me topo con esto seguido.

"Nos gusta tu negocio. Te lo compramos" me dicen.
"No está a la venta, estamos buscando inversión" les contesto.
"Solo invierto si controlo la empresa. Quiero el 51% más control" me hacen otra oferta.

Esto no sucede una o dos veces. Esto sucede cada vez que visito emprendedores grandes buscando inversión. No me explico.

"Para qué quieren trabajar en otro negocio, ya tienen muchos" les digo.

"Es nuestro modelo de negocio" me dicen.

"Mejor déjenme trabajar y les hacemos dinero" les digo.

En Estados Unidos un inversionista te diría: "Yo ya tengo el dinero, no quiero trabajar. Tu trabaja y crece mi inversión." Una visión contraria a México y Latinoamérica.

El invertir en bienes raíces no ayuda a otros emprendedores. Tampoco ayuda la economía. Desde el punto de vista del inversionista, ¿Por qué invertir en tu negocio y tener riesgo cuando pueden invertir en un terreno sin riesgo? Claro que son dos inversiones completamente distintas. Un negocio que se vende puede hacerles diez veces su dinero, o hasta cien veces. Imagínate invertir en una empresa con una valuación de un millón de dólares que se vende por cien millones en cinco años. A esto le tiran los inversionistas en Estados Unidos. Invierten en diez o veinte a ver si uno pega en grande.

La Nueva Guardia

Si hay un cambio en México. El cambio viene a casi todos los niveles. Los que no quieren el cambio son los viejos emprendedores que controlan la economía. No se dan cuenta que esto les ayuda a ellos más que a nadie. Con nuevas empresas hay más dinero, más oportunidades de inversión, y ellos pueden ser los que ganan en grande.

Hace unas semanas di unas pláticas en Tijuana Innovadora, en la Universidad Autónoma de Baja California, en el CETYS de Mexicali y en el de Tijuana. Igualmente me invitaron a páneles de concursos de emprendedores en varios eventos de Tijuana y fui a Ciudad de México a participar en otros eventos para emprendedores. Todos estos eventos llenos de jóvenes emprendedores. Todos inteligentes, interesantes y llenos de energía. El gobierno mexicano está participando en este cambio a nivel estatal y nacional. Hay nuevos fondos para emprendedores, eventos, y apoyo. Las universidades ya tienen clases y cursos de emprendimiento al igual que incubadoras. Vamos por un muy buen camino.

En lo personal me uno al equipo. Viajo por el país dando pláticas en cámaras y en universidades, doy charlas por internet y estoy lanzando un plan de educación y apoyo a emprendedores a nivel nacional. Esto empieza con una revista y audios mensuales y sigue con juntas mensuales. Ya lo lanzamos en Tijuana y se expande por todo México. Únete al equipo. Visita el web que esta al reverso del libro.

CAPÍTULO 5:

Así que Quieres ser Emprendedor

El ADN de los Negocios

Antes todos éramos emprendedores. El cavernícola no tenía opción de ser empleado. Tenías que trabajar en equipo para el bien de la familia, el clan, o la tribu. Esto nos da la pregunta, ¿El emprendedor nace o se hace?

El emprendedor moderno se hace. Se moldea con una fórmula. La fórmula que tú aprenderás en este libro. Sin embargo, el emprendedor en general, genéticamente, ya está en tu ADN. Miles de años de evolución ha creado un Homo Sapiens autosuficiente, uno que no ocupa empleo sino resolver problemas y sobrevivir. La industria moderna desde la agricultura hasta la revolución industrial y sobrepoblación ha creado un mundo de empleados. Este mundo hace en gen de emprendimiento recesivo. Se esconde y es substituido por un gen de compromiso.

Nuestras familias y amigos no nos ayudan. Nos dicen que mejor busquemos un trabajo y que los negocios son muy riesgosos. Yo no creo que es así. Yo lo veo completamente distinto. Cuando tienes un trabajo estas a la merced de tu jefe. No solamente del dueño del negocio o del gerente general, sino de tu jefe inmediato. Si no le caes bien te pueden hacer la vida de cuadros. Si, tienes protecciones legales, pero seamos sinceros. Si te quieren correr, te van a correr. Por lo menos te hace la vida tan difícil que no duermes pensando en que tienes que ir a trabajar.

El otro problema con los trabajos "normales" es que tienes un límite en lo que ganas. Si, te pueden subir el sueldo anualmente al 1% o hasta el 4%. Pero es raro que ganes el 100% más. Si hay algunos trabajos donde lo puedes hacer. Tal vez con comisión. Estos son buenos y te entrenan a ser emprendedor.

Vendiendo agua en una esquina te puede hacer ganar tres o cuatro veces más que en una fábrica. Tú eres dueño de tu destino. Si no te levantas no ganas nada. Si trabajas más ganas más. El problema es la motivación, la actitud. Para ser empleado no necesitas mucha motivación. La motivación viene por castigos en México. Si faltas te quitan un bono, si llegas tarde te quitan otro bono. Tu motivación viene por intimidación.

El emprendedor tiene que motivarse al abrir los ojos. Despiertas por la mañana y ya estas con baterías. Hay algo que se enciende debajo de tus costillas que te hace brincar de la cama con emoción de ponerte a trabajar. No tienes que ir a una oficina, no tienes que checar tarjeta, con abrir los ojos basta. Este es el ADN del emprendedor. Sin no lo tienes, adquiérelo. Si, si lo puedes adquirir. Recuerda que el emprendedor moderno es moldeado.

En tu negocio tú llevas las riendas. Tú controlas el riesgo. Si no puedes con el riesgo, no crezcas rápidamente, no arriesgues tanto, se conservador. Esto no tiene nada de malo. Puedes abrir un negocio pequeño y trabajarlo hasta que tengas suficientes ventas para un empleado. El ejemplo del vendedor de agua es perfecto.

Como te platiqué anteriormente yo no quería ser emprendedor, pues ni sabía lo que realmente significaba. Fue ejecutivo, llegando a presidente en mis veintes y luego emprendedor de tiempo completo al cumplir treinta años. Antes de esto intente varios negocios e inversiones con distintos resultados. Mi socio, Sandro Piancone, es emprendedor desde los dieciséis años, y sus múltiples empresas llegan hasta cientos de millones de dólares en ventas anuales en México.

A los treinta años ya tenía experiencia de negocio como ejecutivo en compañías de software. Lo que no tenía era experiencia dependiendo el cien por ciento en las ventas de un negocio para vivir. Es por eso que añoraba un negocio y dejar de ser empleado, aunque como ejecutivo ganaba muy bien. Mi primer negocio de tiempo completo fue uno de distribución de productos de consumo a tiendas de conveniencia y supermercados. Expandí la empresa en San

Diego, Estados Unidos y Tijuana, México. De ahí a nivel nacional en Estados Unidos y exportaciones a México.

Desde entonces he trabajado con cientos de emprendedores, negociantes, inversionistas, y ejecutivos de todo tipo de empresas por todo el mundo. Tengo cientos de miles de seguidores en distintas industrias como la de bebidas, distribución, publicación de libros, software, mercadotecnia, productos de consumo, exportaciones, franquicias, inversión, entre otras. Creo que soy un buen ejemplo de emprendedor serial, con negocios variados desde software hasta un fondo de inversión, distribución, limpieza comercial, y muchos más.

Te doy unos ejemplos de mis negocios a través de los años:

- Revista pequeña local en Tijuana = exitosa a nivel micro por tres años
- Vender sodas y después café en banquetas y calles de avenidas transitadas = fracasé
- Mercadotecnia directa = fracasé
- Negocio de inversión en bienes raíces = fracasé perdiendo todos mis ahorros
- Negocio de inversión en bolsa de valores = fracasé perdiendo todos mis ahorros
- Inversión en un restaurante y bar = fracasó el negocio
- Compré una empresa de distribución en San Diego, Estados Unidos = exitosa a nivel local

- Empresa de productos de consumo y distribución nacional en Estados Unidos = exitosa
- Empresa de limpieza comercial = exitosa, pero la vendí rápidamente
- Distribución de bebidas en Tijuana, México = cerré por problemas de seguridad
- Consultoría y *Coaching* de Negocio en Estados Unidos = exitosa hasta este momento
- Empresa que cotiza en la bolsa = exitosa hasta $100 millones Estados Unidos, luego quebró
- Importación a México = exitosa, y luego quebró por no poder cobrarle a clientes
- Empresa cotizando en la bolsa = exitosa hasta que los inversionistas la quebraron
- Otra en bolsa = los inversionistas mayoritarios quebraron la empresa
- Servicios de publicación de libros a negociantes = exitosa hasta la fecha
- *Coaching* en Marketing y Negocio en español = exitosa hasta este momento
- Empresa cotizando en bolsa = exitosa, pues ahora aprendimos como hacerlo (por fin)
- Aceleradora de negocios = exitosa con empresas de software, consumibles, y otras
- Fondo de inversión = Uno fondeado, el otro fondeándolo. Invirtiendo en México
- Empresa de Nace Un Gigante = Aquí la tienes

Como te darás cuenta fracasé en muchos negocios. Aparte de estos negocios listados arriba tengo participación en otros negocios; incluyendo software, productos de consumo, exportación, y otros. Aquí lo que quiero que veas es lo mucho que fracasé en negocios, y que soy emprendedor serial. En algunos de los negocios perdí absolutamente todo mi dinero. En otros perdí todo y aparte me quedó deuda de miles, o hasta de cientos de miles de dólares. ¡Duele! En una empresa de bolsa en la que tenía una gran parte, mis acciones se fueron de millones de dólares a nada en una semana. Varias ocasiones he tenido que empezar de nada, sin nada, con nada. Yo no tenía un libro como este libro que me mostrara el camino. No había un grupo de emprendedores como este. No encontré consejeros adecuados, cursos exactos, o información del momento. Por eso formamos el movimiento de Nace Un Gigante, para que tú tengas toda esta información cuando la necesitas.

Nunca pienso retirarme de ser emprendedor serial, y emprendedor social.

El emprendedor social es el que quiere cambiar al mundo; simple y sencillamente dicho. En mi caso, todo el coaching que hago es para eso. Este libro y la empresa que da cursos de superación personal, de mercadotecnia y de negocios, es para eso. Es una empresa social, lo que queremos es la multiplicidad del emprendedor, que hagas mucho dinero y que te conviertas en coach de Nace un Gigante para ayudar a otros a realizar sus sueños. De esa forma cambiamos vidas, familias, comunidades, y de ahí para arriba.

La Oportunidad de Luis

Luis Pérez Gutiérrez trabaja en una maquiladora en Tijuana. Gana el equivalente a dos sueldos mínimos. Tiene veinte años y no terminó la universidad. Se salió para trabajar pensando que iba a ganar dinero para ayudar a sus padres y hermanos pequeños. Todos viven en El Cerro Colorado en una casa pequeña que rentan.

Luis tiene seis meses y ya no aguanta.
"Papá, es que gano casi nada" dijo Luis.
"Pero es un trabajo seguro y te dan beneficios" dijo su papá.
"No me tratan bien y mi jefe no me quiere. Siempre me está gritando," dijo Luis.
"Hay hijo, así es el trabajo. Tienes que acostumbrarte y aguantar. Yo tengo treinta años aguantando a mis jefes y no me ha pasado nada,"
"¿Y qué si abro mi negocio? Ganaría más en cualquier otra cosa sin aguantar a jefes" dijo Luis.
"No es tan fácil. Hay mucho riesgo en abrir negocios. ¿Qué tal si te va mal y no tenemos para la renta? Entonces nos va mal a todos," dijo su papá.
"Pues no sé qué tan fácil es. Pero si yo le hecho ganas puedo hacer lo que sea. En el trabajo no me dejan hacer

nada. Aunque sea algo bueno para la empresa mi jefe no me deja hacer nada. Me dice que no me pagan para pensar" dijo Luis.

"Así son muchos jefes. No quieren que te veas más inteligente que ellos. Ya no le digas nada, nomás haz tu trabajo y ya. No te metas en problemas."

"Pero yo no quiero quedarme ahí haciendo lo mismo. Tengo muchas ideas y quiero hacer más. Puedo con la responsabilidad. Está muy aburrido lo que hago" dijo Luis.

"Aguanta ahí y cuando vea una oportunidad con el municipio te puedo meter. Ahí ya la tienes hecha. Es trabajo seguro y te pensionan," dijo el papá.

Luis suspira y toma un trago de su tasa de café. Su madre no quiere que deje su trabajo, su padre tampoco.

"Pero yo no quiero trabajar en el gobierno" piensa Luis, pero no lo dijo. No quiere insultar a su padre. Él sabe que esa es otra trampa. Ganas poco toda tu vida esperando el retiro. Los que pueden roban o hacen sus transas para ganar más. "Eso no es lo que quiero" piensa Luis y toma otro trago de su café.

Mientras toma de su café se le ocurre una idea. "¿Qué tal si pongo un café?" Lo piensa por unos momentos. "Que padre sería, una máquina de expreso, unos sofás súper modernos y la pared tapizada de arte de mi amigo Ricardo." Después de soñar un rato con su café nuevo Luis se pone a pensar en lo que necesita para este negocio.

"Ocupo rentar un local, ocupo equipo y muebles. ¿De dónde voy a sacar ese dinero?"

Luis se para y se sirve una taza de café. Luego busca un cuaderno y una pluma para escribir sus ideas. Ya hizo la decisión en su mente. "no seré empleado."

Con cuaderno en mano y taza de café en la otra camina a su sofá favorito y se sienta a tomar nota.
"¿Qué tipo de negocio puedo abrir sin mucho costo?"
"¿Qué puedo vender?"
"¿Cuándo puedo substituir mi trabajo?"

Después de un rato de meditación Luis llega a la conclusión de que no se puede salir del trabajo hoy mismo. Ocupa el dinero para ayudarle a su familia. Decide trabajar y echar andar algo los fines de semana y en las tardes mientras gana lo suficiente. "Cuando gane lo mismo que me pagan mandaré mi trabajo a …"

Luis rápidamente se da cuenta que sentado en su sofá favorito no se va a hacer mucho. Tiene que salir a explorar, a buscar oportunidades y reunirse con otros que tienen la misma visión. Abre el periódico y busca oportunidades, eventos, juntas, clases, y conferencias. Luego entra a Facebook y busca lo mismo. "Parece que hay algo casi todos los días" piensa mientras apunta fechas. Muchos eventos son por teléfono y por internet y ni siquiera tiene que ir en persona a ningún lugar. "Por ahora tomaré los eventos gratis por internet pues no tengo dinero" piensa Luis.

Hay algunos eventos de cómo vender por Facebook, otros de empezar un negocio, muchos de multinivel. Luis considera ir a los de multinivel, pero no es muy bueno para mantener equipos y vender membresías. Eso no le llama la atención.

Luis no durmió esa noche. La cabeza llena de ideas, de posibilidades. No tenía ganas de ir al trabajo, pero se forzó a levantarse y prepararse para la fábrica. "No aprendo nada aquí. Ya no aguanto este trabajo" pensaba. En realidad, si hay una enseñanza. Es a la que llamo "Qué No Hay Que Hacer." Cuando ves algo mal, un gerente imbécil o un empresario ignorante. Cuando tratan mal a un empleado o a un cliente o a cualquier persona. Si vez que gastan el dinero mal o hacen las cosas a corto plazo aprendes. Toma nota. "Esto es lo que no hay que hacer." Igualmente, Luis aprendió cómo no tratar a sus empleados, cómo no motivarlos, cómo hacer que piensen en salirse del trabajo.

El domingo Luis se levanta muy temprano y se busca un curso de negocios que vio en YouTube de Nace Un Gigante. Lo primero que aprende es "mantén tus costos bajos cuando comienzas un negocio." Lo segundo que aprende es "Si no tienes dinero y empiezas de cero tienes que enfocarte en flujo de efectivo." Luis no entiende bien a qué se refieren, pero el video lo explica bien.

"El problema más grande de los negocios es que no tienen dinero en el banco. Si venden sus productos y servicios, pero tienen gastos. Los gastos los pagan primero, muchas veces antes de recibir el dinero de la venta. Así que el emprendedor se queda sin dinero para sus gastos personales. En ocasión tiene que meter más dinero para cubrir gastos."

Luis se desilusiona un poco. "Pero yo lo que ocupo es flujo. Yo necesito dinero cada semana para no trabajar y pagar la renta, comida, y todos los gastos."

El video continúa. "Si no tienes dinero de inversión y no puedes estar sin flujo de dinero tienes que usar tu tiempo como dinero. Tienes tú que hacer el trabajo. "Esto puede ser para mi" piensa Luis.

Luis le pone *play* al video "Si tú haces un servicio no inviertes en producto, tu tiempo es tu producto. En el futuro podrías contratar y entrenar a otros a hacer el servicio y ahora ya tienes un negocio, no solamente un trabajo sin jefe." Luis sonríe. "Esto me está gustando."

"Comprar y vender es algo fácil. Sin embargo, tendrás que vender algo al consumidor si ocupa efectivo. Si vendes a negocios o al mayoreo tendrás que dar factura y recoger el cheque en el futuro. Esto puede tardar una semana, un mes, o aún más." Luis escucha con atención. Ya está entendiendo el modelo básico de negocio.

La pantalla sigue "Si compras de mayoreo y vendes de menudeo puedes ganar dinero diariamente. Podrías vender productos de casa en casa, o pintar casas y que te paguen ese día, tal vez lavar y detallar autos a domicilio y ganar dinero ese mismo día."

Luis no tiene dinero para comprar nada de producto. Y no quiere ir de puerta en puerta tocándole a la gente haber quien le compra. No es muy buen vendedor y le da vergüenza hacer eso. "Me gusta lo de lavar carros" piensa. Sigue viendo videos de mercadotecnia y de ventas, de operaciones y de todo lo que encuentra en línea.

Ese mismo día por la tarde Luis escribe su plan de trabajo en su cuaderno. Nada complicado. Solamente llena dos páginas con lo que tiene que hacer para conseguir clientes, cuánto cobra y cuánto va a ganar. Sabe que necesita equipo y no lo tiene. Pero si tiene trapos y cubetas en la casa. Toma cepillos de dientes viejos para detallar los rines de los autos, unas camisetas viejas de algodón como trapos y algunos artículos de limpieza de su mamá. Lo único que le hace falta es un jabón que no raye los carros y algo para limpiar la piel y el plástico por dentro. Su mama le ayuda con otras cosas que a él ni se le ocurrieron, como un cepillo para limpiar los tapetes y desodorante aerosol para deshacerse de los malos olores. Sin tiempo para ir al súper de nuevo se mete al internet y descubre recetas para hacer sus propios productos en casa. Le saldrán más baratos y no tiene que tomar el camión para ir a comprarlos. "Ya que tenga dinero compro lo mejor" pensó Luis.

Con el equipo necesario en mano ahora se enfoca en vender. Hay unos edificios de negocio a unas cuadras con autos nuevos. Luis cree que solamente vendiendo sus servicios en esos tres edificios se dará abasto. Uno de los edificios tiene un gimnasio muy caro. "Seguramente los miembros pagarán mientras hacen ejercicio" pensó Luis.

"Pero cuánto puedo cobrar" se preguntaba. Decide cobrar solamente un poco más que el auto lavado más cercano. "Así no tienen pretexto de no comprarme" pensó Luis. El lunes por la tarde visita el primer estacionamiento y habla con el gerente. Le propone poner su auto lavado y el gerente le hace unas preguntas.

"¿Tienes tanque de agua?" preguntó.
"No tengo, pero veo que tienes una manguera aquí. Puedo tomar agua de ahí" dijo Luis.
"¿Tienes equipo profesional con compresor?" preguntó el gerente.
"No tengo, pero ese es mi trabajo. Estoy dispuesto a hacer todo a mano por ahora," contesta Luis.
"Tienes una sombra para usar mientras enseras los autos," le preguntó.
Luis ya está cabizbajo. "No tengo," le contestó.

Ni siquiera tiene la cera para encerar los autos. Eso lo iba a
ofrecer en una o dos semanas. Después de ir con los otros
gerentes de los otros dos edificios con estacionamiento le
hacen las mismas preguntas. Luis está muy decepcionado
con su plan, con esto de los negocios. "Ahora que voy a
hacer" se pregunta. "Tal vez puedo tomar un camión y
buscar otros edificios más lejos hasta que encuentre uno,"
Para esto Luis tendría que caminar hasta la parada de
autobús con sus cubetas y su equipo.

Luis casi se arrastra a su casa desalentado. Arrastra los pies
al caminar y patea un bote que se encuentra en el camino.
En casa le cuenta todo a su papá.
"Te dije Luis. No es tan fácil. Los negocios son muy
riesgosos. Solamente te quiero proteger. Ya olvídate de eso
y ponte a trabajar."
Luis tuerce la boca y menea la cabeza diciendo que sí, pero
dentro de la cabeza aparece un gran letrero espectacular
que se ilumina "NO."

En la semana visita otros edificios con estacionamiento.
Uno diario después de su trabajo. Empezó con los más
cercanos a su casa, pero ya estaba dispuesto a ir a cualquier
parte de la ciudad si alguien le dice que sí. Todos le dicen
que no.

Tres semanas después Luis caminaba hacia su casa cuando
paso uno de los primeros edificios que visitó. Los que

estaban cerca de su casa. Vio en la esquina una carpa y un letrero "Lavado de Autos." Se le hundió el corazón.

Luis se acercó con el guardia del estacionamiento. "¿Qué onda con el auto lavado?" le preguntó.
"Ya sé. Te robo la idea el gerente y puso a su cuñado a trabajarlo" le contó el guardia con detalle de chisme.

Luis caminó un poco acercándose lo más posible a la carpa sin llamar la atención. Se fijó en el equipo y en los autos que tenía. Estaban lavando dos autos y tenían cinco ahí estacionados esperando. Le dio coraje a Luis. Se le salió una lágrima.

Luis corrió a casa y quería contarle a alguien. Lo pensó y decidió no contarles a su mamá y a su papá. "Tengo que encontrar a alguien que entienda esto" pensó. Él sabía que si les contaba a sus padres sería lo mismo de siempre. "Te dije que negocios no. Si fuera tan fácil todos tendrían negocio. Mejor busca un trabajo seguro," y toda la negatividad del mundo. "Tengo que encontrar un grupo o algo donde pueda platicar y pedir consejos," pensó.

Después de dos meses Luis ya se había olvidado de su auto lavado. Seguía con el impulso de ser emprendedor. Seguía leyendo y estudiando, pero la oportunidad del auto-lavado se había ido. Ahora anotaba todas sus ideas y buscaba nuevas oportunidades de negocio. No se le había ocurrido nada.

El siguiente sábado Luis fue a correr. Era deportista y jugaba futbol en equipo. Corría varias veces a la semana para estar en condición para los juegos. Decidió pasar por el auto lavado a ver si tenía muchos autos en un sábado por la mañana. Cuando llegó a la esquina del estacionamiento no vio la carpa, ni equipo, ni nada. Siguió corriendo y le dio la vuelta al estacionamiento buscando si se había cambiado de lugar. Nada.

"Voy a buscar al guardia," se dijo.

Vio al guardia bajo la sombra de un árbol a lo lejos y corrió a preguntarle.

"Hola Tomasito, ¿cómo estás?" dijo Luis.

"Bien Luis, ¿tú cómo estás?"

"Aquí ando. Voy a correr cinco kilómetros hoy."

"Que flojera," dijo el guardia.

"Si no hago ejercicio me dan chiripiorcas," le dijo Luis.

El guardia se rió. "¿Ya viste que cerró el auto lavado?"

"Simón eso te iba a preguntar" dijo Luis. "¿Qué pasó?"

"El chavo es un flojo y es un jalesote," le dijo el guardia.

"¿Neta?" le dijo Luis con emoción.

"Neta. Era un auto tras otro sin parar. Sin descansar. La primera semana me dijo que le dolía la espalda de estar agachado limpiando. Luego empezó a abrir más tarde. No abría unos días que porque estaba muy cansado. Luego no lavaba bien los autos para terminar más rápido. También empezó a usar jabón Ariel y rayaba los carros. La gente se empezó a quejar y hasta le dijeron al gerente del edificio" dijo el guardia. Explicándole todo con ademanes.

"Y luego que pasó," dijo Luis escondiéndose del sol bajo la sombra del árbol. Sus ojos se abrieron a casi lo doble con interés.

"Ya no venían. No era confiable y luego se corrió la voz de que rayaba la pintura," Tuvo que cerrar después de unas semanas.

"¡Órale!" exclamó Luis con una sonrisa.

Luis le estiro la mano al guardia con su sonrisota. El guardia le pegó con la palma y luego los dos con el puño de la mano. Se despidió y corrió de regreso a su casa. Se metió a la regadera apresuradamente y se puso ropa decente; un contraste con sus tenis blancos. Salió de su casa y casi azota la puerta en su entusiasmo. Camino rápidamente de regreso al estacionamiento. Quería correr de tan emocionado que estaba, pero no quería llegar sudando.

Primero buscó a Tomasito, el guardia, y le explicó lo que quería hacer.

"El gerente está en aquella bodega," dijo el guardia, apuntando hacia una puerta.

Luis fue a buscarlo.

"Señor Martínez como está," dijo Luis.

El señor voltea a ver al joven sin interés. "Bien gracias." El gerente comenzó a caminar para evadir al muchacho.

"Veo que cerró el auto lavado," dijo Luis persiguiéndolo.

"Si así es" dijo el gerente secamente. El gerente abrió otra puerta y Luis lo siguió. Sin importarle que entraba a unas oficinas. Dos personas se le quedaron viendo. Luis los vio, pero los ignoró. Se armó de valor y persiguió al gerente.

"No puedes entrar aquí. Esta es mi oficina," dijo el gerente.

"Perdóneme Señor. Solamente necesito un minuto" dijo Luis.

"Haber" dijo el gerente cruzando los brazos.

Luis pasó saliva y se mojó los labios. Sintió la boca seca.

"Me di cuenta de que el auto lavado cerró. Yo lo puedo abrir y hacer buen trabajo porque…" El gerente lo interrumpió inmediatamente.

"No funciona. Ya lo intentamos y ese negocio no funciona," dijo el gerente moviendo la cabeza de un lado a otro.

"Si, pero yo lo voy a hacer diferente. Voy a trabajar más y…" el gerente lo interrumpió de nuevo.

"Te dije que no funciona. Ya lo intentamos y no sirve" dijo el gerente arrugando la frente. Su tono de voz frio y su voz más alta.

"Ya sé, pero lo que voy a hacer…" De nuevo lo interrumpió el gerente.

"No tengo tiempo," vio su reloj. "Tengo mucho trabajo y te dije que no," Se dio la vuelta y se fue caminando por el pasillo.

Luis se quedó con la boca abierta y las palabras caídas al suelo. Todos lo estaban viendo y se sintió avergonzado, humillado. Luchó contra las lágrimas y salió rápidamente antes de que le ganaran.

Al salir caminó unos metros y se sentó en la banqueta con las manos en los ojos.

"Buenas tardes joven," dijo una voz por detrás. Luis tuerce la cabeza para ver si le hablan a él. La voz se escucha muy oficial y respetuosa como para que sea para él. Tal vez ahora lo van a correr del estacionamiento. Al voltear Luis ve un señor como de la edad de su papá caminando hacia él. El señor viste con ropa elegante, cara, está bien rasurado y se ve de refinado. "¿Qué hice?" pensó Luis con miedo.

Luis se paró rápidamente con los ojos bien abiertos. Su instinto le dijo que corriera. Pero no lo hizo. Es un emprendedor y el emprendedor toma responsabilidad.

"Si señor" dijo Luis tratando de mostrar confianza.

"Que tal joven, cómo te llamas" le preguntó.

"Luis Pérez Gutiérrez a sus órdenes" contesta extendiendo la mano para saludar.

El señor sonríe suavemente y le da un saludo de mano. Fuerte, firme, viéndolo a los ojos sin quitársele la sonrisa.

Luis también sonríe tímidamente.

"Me llamo Oscar," le dijo.

"Mucho gusto," dijo Luis.

"Escuché lo que le decías al gerente," dijo Oscar.

"Quiero ser emprendedor," dijo Luis.

"Si ya lo veo. Me gustó tu presentación," dijo Oscar.

"Practiqué antes de venir. Pero estos tres edificios ya me dijeron que no y no hay otros cerca de mi casa," Luis apunta a los edificios alrededor.

"Ya le presentaste a los tres gerentes," preguntó Oscar.

"Si, les di la misma presentación a todos y si les gustó, pero me piden equipo profesional y me piden sombra y el de allá me pidió el cinco por ciento de las ventas," Luis apunta al edificio de enfrente. "Y ahora qué vas a hacer," le preguntó Oscar con interés.

"Pues tengo trabajo, pero quiero un negocio. Voy a ir a buscar otros edificios más lejos y cuando ahorre me compraré un carrito algo más grande donde pueda poner equipo profesional," dijo Luis sus ojos llenos de entusiasmo.

Oscar lo escuchaba con atención. "Me parece buena idea. ¿Y cuánto vas a cobrar por carro?

Luis hizo una mueca. Aun no estaba seguro de los precios.

"Creo que si cobro igual que el auto lavado más cerca los clientes no me pueden dar esa excusa para no dejarme lavar su auto" dijo Luis.

"No puedes cobrar tan barato. Tú lavas a mano. No rayas el carro con rodillos o cepillos y lo haces a domicilio. Puedes cobrar mínimo cincuenta por ciento más que el auto lavado. Tal vez hasta lo doble," le explicó Oscar.

"Órale, pero primero tengo que encontrar un lugar. Es más fácil en un estacionamiento pues ya tengo clientes para siempre," dijo Luis.

"Si, tienes razón. Ese es un excelente modelo de negocio. Mira Luis, te voy a hacer una propuesta de negocio," dijo Oscar.

Luis parpadeó varias veces pensando "quién es este señor y por qué me quiere ofrecer un negocio," Pero se quedó callado, listo para escuchar.

"Yo soy el dueño de este edificio," dijo Oscar.

"¿De todo el edificio?" Preguntó Luis apuntando hasta el final de la cuadra donde el edificio comercial terminaba.

"Si, de todo el edificio," dijo Oscar.

"¿Y del estacionamiento?" Preguntó Luis con un nuevo entusiasmo recién encontrado. Ya no estaba cabizbajo y se le estiró el cuello.

"Si, de todo," dijo Oscar sonriendo.

"Ah," dijo Luis con una sonrisa de oreja a oreja.

"Mira ven, vámonos a la oficina. Aquí hace mucho sol y me salen arrugas" dijo Oscar caminando hacia la puerta más cercana. Una puerta de vidrio que entra a la sala de recepción. Oscar siguió caminando por atrás de la recepcionista atravesando un pasillo hasta entrar a su oficina. Una oficina grande con un escritorio de un lado y una sala de otra.

"Ven, siéntate en el sofá," Oscar apunto a la sala. Un joven entró inmediatamente con una charola con botellas de agua y la dejó sobre la mesa frente a Luis.

Oscar se sentó en otro sofá. Estiró la mano y tomó una botella de agua mineral. "Quiero que pongas tu auto lavado aquí en mi estacionamiento. Allá en aquella esquina." Oscar apuntó a un lado del estacionamiento. "Yo invertiré en unas carpas, un compresor para que puedas lavar a presión, la conexión de agua y jabones biodegradables."

Luis se quedó tieso, volteo a ver la oficina. Simple y elegante. Volvió la mirada a Oscar. "Si," le dijo.

"Es importante usar productos que no le hagan daño al medio ambiente. Por eso insisto en usar esos ingredientes. Son más caros, pero a los clientes les importa," dijo Oscar.

"Si está bien," dijo Luis, su cabeza también diciendo que sí. "¿Y cómo te voy a pagar?

"Somos socios," dijo Oscar sonriendo. "Yo pongo el capital de inversión, el agua, la luz, y no te cobro renta. Si ocupas que les cobre directamente a los clientes yo se lo puedo apuntar a su factura de renta y así es deducible de impuestos. Los demás te pagan en efectivo o tarjeta de crédito. Al final de cada mes tú me darás el cinco por ciento de las ventas como parte de nuestra sociedad," le dijo Oscar.

Luis no lo podía creer. Después de que todos le dijeron que no le salió algo bien. Qué bueno que insistió y tocó todas las puertas de su colonia.

"¿Cuándo puedo empezar?" preguntó Luis.
Oscar dio una carcajada. Puedes empezar cuando quieras. Pero tienes que comprar el equipo y prepararte. En este negocio tienes que estar aquí todos los días menos el domingo que cerramos. Así que tendrás que renunciar a tu trabajo." Dijo Oscar.
"¿Crees que pueda hacer dinero desde el primer día? Es que le ayudo a mis papás a los gastos y ocupamos el dinero," dijo Luis.

Oscar tomó un trago de su botella de agua. "Limpiarás mi auto una vez por semana. Yo les diré a todos mis gerentes que laven su auto contigo. Cuando todos los vecinos vean tu negocio crecerá más. Puedes repartir volantes para que todos estén enterados del lavado," Oscar tomo una pausa.

"Dime Luis. ¿Cuánto ganas en tu trabajo?"

Luis se mordió el labio pensando. Él sabe que gana muy poco y le da vergüenza decírselo al dueño de todo esto, de un edificio, de un negocio de verdad. "Gano mil doscientos pesos semanales," le dijo Luis.

"Muy bien, entonces ganas doscientos pesos diarios. La primera semana darás el lavado en especial para que todos vengan. Lo darás a cincuenta pesos. Después de ahí la segunda semana sube a cien pesos."

Luis escuchaba con atención. Si hubiera tenido antenas estarían paradas y apuntando hacia enfrente.

"Para que ganes doscientos pesos diarios desde el segundo día tendrás que lavar solamente cuatro autos. Eso sin encerado ni detallado. A precio regular eso te dará lo doble. Cuatrocientos pesos diarios. Ahí ya doblaste tu sueldo," dijo Oscar.

"¿Y crees que si pueda tener cuatro autos diarios?" preguntó Luis.

"Si solamente lavas cuatro autos no es negocio. La meta será mil pesos diarios," dijo Oscar haciendo un gran ademán con su mano.

Luis se imaginó lo que podría hacer con mil pesos. Su padre no lo creerá. Eso era más de lo que ganaba su papá y su mamá. "Increíble. Eso sería increíble," dijo Luis con los ojos grandes de emoción.

"De ahí contratas a un empleado y tu meta será dos mil pesos diarios," dijo Oscar.

Se le cayó la boca a Luis. "Dos mil pesos," repitió. "Dos mil pesos".

"Si, recuerda que hay un gimnasio y dos restaurantes. De ahí tendrás más clientes. El gimnasio tiene como cuatrocientos miembros. Ahí tienes más clientes. Claro, tendrás que lavar su auto primero, pues solamente están una o dos horas haciendo ejercicio y se van." Dijo Oscar.

"Si, si así lo haré," dijo Luis todavía en un estado de incredulidad.

"Tengo otra condición," dijo Oscar.

"Si, lo que sea," contestó Luis rápidamente.

"Quiero que te metas a la escuela y termines universidad," le dijo Oscar.

"Pero si ya tengo negocio. ¿Para qué universidad?" Dijo Luis.

"La universidad es para aprender. No para hacer negocio. Quiero que aprendas y termines algo," dijo Oscar.

Luis lo pensó brevemente. No entendía realmente para qué quería la universidad si con este negocio podría ganar diez veces su sueldo de la fábrica. "Puedo tomar clases por la noche," dijo Luis no muy convencido.

Oscar notó que Luis no entendía por qué lo quería en la escuela. Ya lo sabrá con el tiempo. Cuando se conozcan mejor. Por ahora una historia lo dejaría pensando.

"Mira Luis; cuando tenía veinticinco años me dieron una oportunidad similar a la oportunidad que se te presentó hoy. Yo me salí de la carrera de contabilidad para trabajar en una bodega cargando camiones. El dueño un día se dio cuenta que sabía usar la computadora y que estudié un poco de contabilidad. Me sacó de la bodega y me puso a aprender su sistema de inventario y contable. No era fácil, pero leí todos los manuales y practiqué bajo el contador aprendiendo mientras trabajaba. El contador siempre se portó muy bien conmigo y entre él y el dueño de la empresa me obligaron a terminar contabilidad. Ya pasaron muchos años," dijo Oscar suspirando sus memorias.

"Claro, trabajaba mucho. No quería decepcionarlos. Quería ser el empleado perfecto. Terminé la carrera y seguí estudiando finanzas. Después fui a tomar cursos a EUA de

sistemas de inventario y cambié el sistema del negocio"
dijo Oscar. Tomó un trago de su botella de agua.

Luis escuchaba atentamente. "Y luego que pasó," preguntó.

"Cuando mi jefe quiso vender el negocio el contador y yo
lo compramos con inversionistas y aquí estamos," dijo
Oscar como si todo fuera tan fácil.

"Yo le voy a echar ganas y voy a ir a la escuela," dijo Luis
con lágrimas en los ojos.

CAPÍTULO 6:

¿De Dónde Vienes? ¿A dónde Vas?

Mi esposa visitó varios orfanatorios en Tijuana, México. Le llamó la atención cómo una niña de secundaria que tenía en el orfanatorio desde los seis meses y que sacaba puros dieces en la escuela. "Voy a ser doctora," le dijo a mi esposa. La niña tenía un vocabulario excelente, sabía hablar inglés, y estaba consciente de que necesitaría sacar puros dieces para adquirir una beca a la universidad. Sin duda lo podrá hacer. En tiempos modernos tenemos acceso a libros, a internet, a audios, información y a competir con quien sea en la vida, los negocios, y en el alcanzar nuestras metas. Ya no estamos en la edad media.

El mundo medieval ya murió. En la antigüedad ni tu ni yo podíamos ser propietarios de tierras sin decreto real. En aquellos tiempos el rey era dueño de las tierras. Los campesinos no podían cazar venado, aves, jabalí, nada, para comer. Podían sembrar tierras proporcionadas por el rey a intercambio de impuestos en trabajo, especie, y soldados. En trabajo tenían que pagar sembrando y cosechando parcelas del rey. En especie pagaban con trigo o con ganado. Con soldados era en tiempo de guerra. Los campesinos y sus hijos peleaban las batallas del rey.

El rey era puesto por dios, y todos los demás estaban en el planeta para hacerlos felices. A pesar de que no estamos en los tiempos medievales a veces parece que no mucho cambia. Los gobernantes llegan al poder y creen que se ganaron la lotería. Toman dinero de impuestos para sus autos, sus casas, aviones, vacaciones, y para guardarlo en Suiza. Hablaremos más de esto cuando toquemos la plutocracia.

En el mundo de los gigantes emprendedores no hay reyes, no hay príncipes, no somos una monarquía. No importa si eres huérfano y creciste en el orfanatorio o si tus padres trabajan en una fábrica con sueldo mínimo. Igualmente, no importa si creciste en la mejor parte de la ciudad con chofer y sirvientes. Tenemos los mismos miedos, las mismas ambiciones, y podemos cambiar nuestras vidas, las de nuestras familias, de nuestros colegas, empleados y crecer nuestra influencia en un círculo que se expande.

Yo nací en Tijuana, Baja California. En el norte de México para los que no conozcan mis rumbos. Crecí con mi madre y mi abuela. Las dos llamadas Rosa. Las dos trabajaban desde jóvenes. Mi abuela sola con seis hijos desde que tenía veinticinco años. ¿Te imaginas, una muchacha de veinticinco valiéndose por sí misma para mantener a cinco chamacos?, o *bukis* como les dicen en Sonora.

Mi abuela nació en un rancho fuera de Ímuris en el estado de Sonora, en México, cerca de Magdalena de Kino, y se

casó muy joven. Su primer error. Terminó en Tijuana
donde hizo vida con sus hijos e hijas, mi madre, tíos y tías.
Para darles de comer vendía tarjetas de presentación,
calendarios y otros artículos de imprenta de puerta a puerta
a los negocios de Tijuana. Mi abuela hizo esto hasta que
tuvo un ataque al corazón y operación de corazón abierto
en sus sesentas. De ahí en adelante trabajó solamente medio
tiempo de vendedora hasta que la salud se lo impidió.

Viví con mi abuela hasta que me casé. Éramos mejores
amigos. La recuerdo bien arreglada, bien peinada, con
tacones, visitando a sus clientes levantando órdenes todos
los días. Llegaba a casa a limpiar y cocinar. Todo era
trabajo. Mi abuela jamás dio una excusa. No se quejaba del
gobierno, de los impuestos, de la devaluación, del precio
del papel. Bueno, si se quejaba de los flojos. "Si no les
alcanza que trabajen más," me decía enojándose por un
segundo. "Mi padre llegó a Sonora sin un quinto y tenía
uno de los ranchos más grandes," me platicaba. "Se
levantaba a las tres de la mañana a trabajar," siempre
contaba. No te tengo que decir que las expectativas de
trabajo en mi casa eran altas.

Mi abuela sacó a mi madre de la escuela para que trabajara
desde los trece años. A los dieciséis ya era secretaria
ejecutiva. Ganaba bien y la familia vio mejores momentos
desde que mi madre trabajaba. Aun así, mi madre leía y
estudiaba en cada esquina, cada minuto, cada escapada que
se daba. Hasta la fecha verás a mi madre con un libro.

Leyendo en el auto, en el café, en todos lados. Este amor al aprendizaje la motivó a terminar su secundaria y preparatoria abierta e ingresar al seminario mayor a su licenciatura en Filosofía y Letras. Recuerdo ver a mi madre leyendo día y noche. Libros en la cocina, en la recamara, y por toda la casa.

Recuerdo llegar a casa y prender la estufa a los siete años. Me daba mucho miedo la flama que prendía con el gas haciendo una micro explosión. Yo sabía que mi madre estaba trabajando y no esperaba que estuviera ahí para hacerme de comer, o ayudarme a hacer la tarea, o jugar. Encajaba una salchicha al tenedor y la calentaba en la flama. Me imaginaba que estaba en un campamento. Era súper divertido. Por lo menos eso pensaba.

Mi madre no estaba en casa pues trabajaba todo el día y estudiaba de noche. Y cuando digo de noche me refiero de madrugada. Ella llegaba a la universidad después de trabajar todo el día. Sin comer y sin dormir. Los seminaristas sabían esto y se robaban comida del comedor para llevarle al salón de clases. Le daban sustento emocional, intelectual y, si, en comida también.

Un gran recuerdo de mi madre es verla estudiando a la una de la mañana bajo la luz de velas. Fue un día que me levanté al baño y la vi estudiando bajo la escasa luz de tres velas. Cansada del trabajo, pero motivada a terminar su carrera. Ahora dime, qué crees que pienso cuando mi sobrina, mi primo o algún amigo me dicen que no pueden estudiar pues no tienen carro. Que no puede terminar la carrera porque se tomarán un año de vacaciones.

Como te comenté, en mi casa no había pavimento, banqueta, agua, luz o lujos. Yo dormía en una tabla tapada por una esponja donde me colgaban los pies desde los catorce años. Lo que siempre había en mi casa era amor y libros. Crecí muy contento y no sabía que éramos pobres. Hasta la fecha no considero que éramos pobres. Siempre teníamos comida en abundancia, y eso creo que es lo importante.

"¿Cuantos libros has leído?" le pregunté a mi madre en una ocasión al ver el altero de libros regados por toda la casa. "Como cinco mil libros", me contestó "pero los he leído más de una vez". La educación era lo más importante para mi madre. "¿Vas a ir a la universidad?" me decía desde que entré a primero de primaria. No por el lado de poder adquirir un buen trabajo, sino por aprender y terminar algo. Creo que hay una confusión en el sistema universitario. Muchos creen que van para obtener un buen trabajo. Otros pocos van a aprender. A mí no me importa si mis empleados fueron a la universidad. Me importa su contribución, sus habilidades, y que se lleven bien con el equipo. Claro que si quieres ser doctor tienes que ir a la escuela para ser doctor, o arquitecto, o abogado. Sin embargo, trabajo con muchos de todos estos que no ejercen, y prefieren tener negocios desde escuelas hasta franquicias.

No importa de dónde vienes. Todos tenemos acceso a libros, a audios, a videos y a gente inteligente. Eso es la nueva línea divisoria. Es la que divide los estudiados de los no estudiados. La superación personal es la mejor herramienta y arma que tendrás en tu vida personal y como emprendedor. Aprende comunicación, ventas, mercadotecnia, motivación, y lo que más te guste.

En una ocasión, un estudiante de negocios de una de las universidades me dijo durante una charla, "No tengo dinero para comprar y leer todos los libros que nos recomiendas." El director de la carrera se puso de pie un poco indignado y le contesto por mí, "Todos esos libros están en la biblioteca." De nuevo, no hay pretextos. Alguna vez me han dicho que los mejores libros de emprendedores están solamente en inglés. Para lo cual contesto, pues aprende inglés. Si te tarda cinco años, o diez, qué importa. Yo, como muchos en la frontera, aprendí inglés solo. Viendo televisión en inglés. Algunos de los hijos de mis amigos no hablan inglés, sus padres bilingües. Si quieres aprender inglés, o mercadotecnia, o a programar, todo está en internet, mucho es gratis.

Por mi parte. Yo tengo mi credencial de la biblioteca de mi comunidad. Aparte de comprar libros y audios saco entre veinte y cincuenta libros y audios prestados de la biblioteca anualmente.

Tengo recuerdos muy vivos de mi niñez. Uno de ellos es el de cargar los baldes de agua, el otro es caminar y caminar, tomar autobuses y caminar más. Es lo que sucede sin auto, y sin chofer…

"Caminante No Hay Camino"

Caminante, son tus huellas
el camino y nada más;
Caminante, no hay camino,
se hace camino al andar.
Al andar se hace el camino,
y al volver la vista atrás
se ve la senda que nunca
se ha de volver a pisar.
Caminante no hay camino
sino estelas en la mar.

Poema de Antonio Machado
Extracto de Proverbios y cantares (XXIX)

"Jorge, ve por agua," me pedía mi abuelita.

"Si abuela ahorita," le contestaba.

"Ahorita es ahorita," siempre me decía.

Tenía nueve o diez años cuando nos mudamos a esa casa. La vecina, a más de cien metros, tenía agua corriente y de la ciudad. Así que caminaba con mis baldes vacíos y los llenaba con su manguera a una cuarta parte, pues estaba muy pequeño para cargar todo un balde, o medio balde. De ahí caminaba a mi casa dando veinte pasos cortos antes de bajar las cubetas y descansar. Sacudía mis manos ya con una línea roja atravesada por el peso de la cubeta, y daba otros veinte pasos. Llegaba a mi casa, subía veinte escalones y caminaba hacia el baño para vaciar el agua en una cubeta y regresar con la vecina. Esta rutina se repetía diariamente de dos a seis veces al día dependiendo de cuánta agua podía cargar.

A los doce años mi espalda me dolía, a los catorce me daban espasmos o contracciones musculares. A los dieciséis había días que no me podía levantar del dolor. No me quejaba, no había alternativa. Ni modo que mi madre o mi abuela cargaran los baldes. Yo era el único hombre en la casa. Hasta la fecha recuerdo los baldes. Me lo recuerda el dolor de espalda.

Es curioso como relacionamos posibilidades, aprendizaje, inteligencia, con urbanización y riqueza económica. Diciéndolo de otra forma, si tienes dinero eres inteligente. Hasta cierto grado es cierto, pero no es una regla. Entre autores, artistas, músicos, viven algunos de las mentes más brillantes de México, de Latinoamérica y del mundo. Algunos se dedican únicamente a su arte, otros son maestros. Muchos estudian diariamente y añoro dialogar con ellos para aprender exponencialmente. Cuando tengo preguntas de filosofía, economía, o algún tema que me tomaría tres años estudiar y comprender solo, acudo a estos intelectuales. Curiosamente, algo que tienen en común estos intelectuales es que no son ricos en dinero. Muchos andan a pie, no tienen lujos, y no piensan en cómo obtenerlos.

Es importante tener el diálogo de la diferencia entre inteligencia y dinero, porque muchos lectores de este libro no vienen de familias de dinero. Ellos, como yo, como muchos intelectuales, no lo ven como obstáculo.

"El Estudio Iguala"

Lo platicamos anteriormente y lo vamos a seguir mencionando. El estudio iguala. El hecho de que yo cargué agua, no tenía luz, ni ropa cara, no quiere decir que no puedo estudiar y ser más inteligente que otros. Si tu deseo es emprender, el estudio es aún más fácil y formulario. Tienes que saber de relaciones humanas, comunicación, economía, contabilidad, operaciones, y aún más importante, de mercadotecnia y ventas.

"Jorge, ve por petróleo"
"Ahorita Abuela"

"Ahorita es Ahorita"

Así como tenía que ir por agua también tuve que ir por petróleo para nuestras lámparas de petróleo. Caminaba cerca de un kilómetro, que a esa edad se me hacía un camino mucho más largo. Caminaba con mi galón de leche vacío y me lo llenaban en los abarrotes. Después regresaba a casa descansando cada cuadra. Un galón para un niño de nueve puede ser pesado. Ahora pienso "Qué estaban pensando mi abuela y mi madre," mandando a un niño de nueve por petróleo. Lo bueno que nunca me vio el DIF*.

*Institución pública mexicana que se ocupa del desarrollo integral de la familia, incluyendo la protección a menores.

¿Tú de dónde vienes?

Siguiendo los métodos de Nace un Gigante tu tendrás las mismas herramientas, mismo conocimiento y mismas oportunidades que cualquier emprendedor. No es magia, no es conocer a políticos, es una fórmula de éxito que consiste en aprender y aplicarte. Si no le tienes miedo al trabajo, será fácil.

Por Andar En Los Andares

Recuerdo caminar a la escuela desde primero de primaria. Caminaba más de tres kilómetros diariamente durante la primaria, después más de seis kilómetros diariamente, pues tenía que regresar a la escuela por las tardes para practicar el equipo de baloncesto. Desde los diez años caminaba al *boulevard* de Tijuana a tomar el camión. Mi madre me enseñó cómo tomar el camión desde muy pequeño. A la mayoría de mis amigos y compañeros los llevaban a la escuela. Algunos tenían chofer, y dos o tres también caminaban. Cuando nos juntamos siempre platicamos de las largas caminatas y nuestras pláticas de niños, y luego de adolescentes.

Nunca me dio vergüenza no tener automóvil. Tener que tomar el camión y caminar para llegar a todos lados. En ocasiones no tenía dinero para el camión y tenía que caminar diez o quince kilómetros. En esos casos corría y lo tomaba como ejercicio.

En una ocasión me quedé dormido en el camión cuando era pequeño. Cuando desperté no reconocí el camino y le pregunté a una vecina "Ya pasamos la Cinco y Diez." "Hace mucho," me contestó. "Ya mero llegamos a La Presa." Me paré para jalar el cordón que avisa la parada y me bajé llorando. Solamente tenía dinero para llamarle a mi mama, no para tomar otro camión. Le llamé a mi madre al trabajo sollozando y me calmó un poco. Luego me dio instrucciones.

"Hijo, es fácil, cruza la calle y toma el camión de regreso," me dijo.

"Ya no tengo dinero," le contesté.

"Pide," me dijo fácilmente.

Yo pensé por un momento. ¿Cómo que pide? No soy limosnero.
Mi madre me leyó la mente.
"No pasa nada, solo pide una moneda para regresar," me dijo.
No pude protestar. Los tonos que terminan la llamada sonaron y pronto se cortó..

Esta es una buena historia y la puedes leer en mi libro: Lecciones de mi Ángel de la Guarda.

Estas historias son importantes para que veas que la fórmula del emprendimiento no es hereditaria. El ser emprendedor no vino de mi madre. No lo pensaba de niño, no me entrenaron, no me enseñaron en casa y no me dieron una cuentota de banco para echar a andar el negocio. Todo lo contrario, sucedió. Yo quise trabajar para tener agua, luz, y que no trabajaran tanto mi madre y mi abuela. Metas simples. Descubrí las oportunidades del emprendimiento muy grande, y tomé el camino largo para adquirirlo. Nada como tú, que tienes esta fórmula. Tienes todo lo que hay que hacer, y lo que no hay que hacer.

Más adelante platicaremos de tus metas. Tus metas personales, del negocio, de dinero, salud entre otras. Es curioso como mis metas más grandes parecían inalcanzables… tener agua caliente, luz, y un techo sin goteras.

En juntas, en seminarios y en charlas escucho lo mismo de muchos futuros emprendedores. "No es tan fácil." "Tú tienes suerte." "No tengo dinero." "No tengo tiempo." "Tengo familia." "Nací en una familia pobre." "No tengo contactos," entre muchas otras.

En efecto yo tengo buena suerte, pero como vimos anteriormente la suerte es una fórmula también. Fuera de eso tengo experiencias como todos ellos. Tengo algunas difíciles, que trato de aprender y verle lo positivo, pero aun fueron o son difíciles. Como ir a la universidad con un viaje de tres horas diarias de ida, sin dinero para regresar o para comer. ¿Cómo le hacía para regresar? Pedía a mis amigos que me regresaran. Más de una vez me quedé a dormir en un salón de clases cuando mis amigos faltaron ese día a la escuela.

Si es importante de dónde vienes. Importa para tu motivación, para tu formación, tu hambre y tu relación con amigos y familia. Sin embargo, no importa para tu reencarnación como Gigante Emprendedor. Ahí todos somos iguales, con los mismos sueños, miedos, y oportunidades. Todo depende de nosotros, nada depende de los otros. El destino, mi pequeño Gigantito, está en tus manos.

CAPÍTULO 7:

Ponte Trucha: El Emprendedor es Aprendedor

Aprende a Aprender

¿Cómo que reprobaste matemáticas? ¡Si sigues así no podrás tener un buen trabajo!

¿Alguna vez te dijeron algo similar? ¿Tal vez con historia, o filosofía, o sociales?

¿Le dices lo mismo a tus hijos? (si tienes hijos). Muchos maestros y maestras al igual que muchos padres y madres les dicen esto a sus hijos cada mes, o cada semana. ¿Quieres trabajar con pico y pala? No, entonces ve a la escuela. Desde peques aprendemos que la escuela es un camino para trabajar. Que aburrido. Trabajar tanto en la escuela para recibir el premio de trabajar con más responsabilidad. ¡Yo paso!

Vamos a ver cuál es la propuesta. El kínder es divertido. En mi caso me dejaban nadar en el arenero y practicar mi repostería haciendo ricos pasteles de arena. Nadie me calificaba mis pasteles ni me decían que ingredientes usar o no usar. Podía escoger libremente el tamaño y la forma de mis pasteles. Todos redondos pues solo teníamos moldes redondos. Pero bueno, si hubiera querido o podido los hubiera hecho cuadrados. Si mis pasteles salían chuecos no se burlaban de mi ni me bajaban puntos y mandaban una nota a mi madre "Jorge está haciendo sus pasteles de arena muy chuecos." El único problema fue aquella vez que aprendí a volar.

Aprendí a volar en el kínder un viernes. Siempre me mecía agresivamente en el columpio más largo del patio. Mi meta era que el columpio pasara el plano horizontal de la viga que sostiene las cadenas. Siempre la libraba, solo que este viernes se me ocurrió jugar a que era Superman, o Batman, no recuerdo. Total, que cuando el columpio llegó a lo más alto, aproximadamente tres metros de altura, me solté para volar. Fue increíble. Volé dos metros más, arriba que la viga horizontal. Tal vez como tres pisos de altura. Lo más alto que he estado sin piso. Antes ya había brincado de un segundo piso sin problemas. Esto era mucho más alto. Al estar allá arriba sentí que volé veinte metros y que me paralicé en el aire por siete segundos. El tiempo paro. Todo estaba en cámara lenta. Hacia un lado vi mis compañeros gritando y brincando de la emoción al verme volar. Al otro lado vi los techos de los salones. Más allá pude ver una maestra con las manos en la boca subyugando un grito. Yo movía mis manos y pies para poder sostener mi trayectoria horizontal. ¡Genial!

Ese mismo día descubrí la teoría de la gravedad. Fue un buen día para Isaac Newton, pero no tanto para mí. Al regresar al planeta tierra mis pies se fueron al cielo e iba a aterrizar de cabeza. Al no querer descalabrarme metí la mano izquierda y me salvó de clavar la maseta en la tierra. Esa es la buena noticia. La mala noticia es que me fracturé totalmente el brazo. Mi codo cambió de posición y quedó del otro lado. Hasta entonces fue el peor día de mi vida. Peor que cuando se me cayó mi helado de chocolate, peor que cuando se me olvidó mi carrito en casa de mi tía, o cuando mi abuela me hizo comer lentejas diario por una semana después de que le dije, "no me gustan las lentejas." En fin, aparte de ese día de gravedad el resto de mi carrera en kínder fue buena. Me gustaba mucho pintar con las manos. Nunca he sido bueno para quedarme dentro de la raya en los libros de colorear. Pintar con las manos te permite ignorar las rayas, los tonos, los colores, y divertirte haciendo un cochinero.

Al graduarme del kínder me mandaron a la preprimaria. Aquí es donde todo valió madre. Ya les conté mi experiencia con las estrellas, premios, y calificativos. Parecía que era alérgico a las buenas calificaciones. Me hacían daño así que las evadía a más no poder. Aquí seguíamos dibujando y pintando, pero no me pidió salir de las líneas. ¡Dios Mío! ¿Qué la maestra nunca escuchó del dicho, "dibuja fuera de las líneas" No te salgas de la raya, haz tus bolitas derechitas, no comas con las manos?, bueno era como una dictadura.

En la primaria se puso seria la cosa pues te daban calificaciones por escrito. Aquí sí que hubo problemas en casa. ¿Ya mero termino la escuela? Le pregunté a mi madre en segundo de primaria. Ya harto del trabajo, de la tarea, de las tablas que no me aprendía, de tener que llevar las calificaciones a casa. "Apenas estas empezando," me contestó mi madre. "¡Que chafa!"

Pero vas a agarrar un buen trabajo…

Si mi madre me hubiera dicho que todo esto era para lograr obtener un buen trabajo y seguir trabajando una eternidad hubiera tirado la toalla. Por suerte, y por obra de mi madre, o del espíritu santo, descubrí que la escuela era para aprender. No para obtener un trabajo, no para ganar dinero, para aprender. Si te gusta aprender, entonces ve a la escuela. Suenan las campanas y vuelas las gaviotas, lotería, el ganador. Eso sí que me gustó.

No esperes aprender a hacer dinero en la primaria. Bueno creo que todos sabemos eso. ¿Pero entonces por qué esperamos aprender a ganar dinero en la universidad? ¿O en la maestría? Tal vez esperamos tener un buen, o un mejor trabajo que paga más, puesto que tenemos un título de la universidad. Creo que esto es lo que se cree, pero en el mundo del emprendedor esto no es cierto. No hay que confundirnos. No digo que no estudies universidad. De lo contrario. Estudia universidad y aprende lo más posible sin importarte tus calificaciones. Toma las clases que más te hagan feliz y diviértete aprendiendo, haciendo preguntas, filosofando de la vida. Lo que estoy diciendo es que la universidad no es para hacer dinero. Es para aprender.

Para hacer dinero estudias por ti mismo. Tomas cursos, lees libros como este, sigues fórmulas, charlas con emprendedores y ejecutivos y te arriesgas, cometes errores, y te arriesgas de nuevo. Aquí tú aprendes a tu paso, acelerado, no tanto, en grupo, en equipo, escuchando audios o leyendo libros.

La fórmula del emprendimiento dice que tienes que aprender. No solamente con experiencia, no solamente cometiendo errores. Eso te tardaría mucho y no es de Gigantes. Los Gigantes aprenden de los errores y de los triunfos de otros sin tener que vivirlos. Los Gigantes Emprendedores leen o escuchan una técnica, una estrategia, un ejemplo, por más abstracto, y lo pueden imaginar en su negocio sin necesidad de diez meses de entrenamiento y de brincar obstáculos.

Recuerdo mis intereses de joven universitario. Aprendí de todo lo que me gustaba ignorando mi licenciatura y mi entrenamiento para ser empleado. Lo primero que tomé fue astronomía. Uno de mis temas favoritos hasta la fecha. Nada que ver con negocios. De ahí tome muchas clases requeridas para la carrera de negocios como lo era economía, estadísticas, cálculo, contabilidad, y otras clases que la verdad no me gustaba. Bueno economía si me gustó pues era enfocada a la sociedad no solamente a negocios. Ahora que recuerdo ninguna de las clases de negocios me apasionaba. Todo era como ser empleado, o jefe de otros empleados.

Otras clases interesantes fueron evolución química, con un maestro parte del equipo del Premio Nobel de esta teoría. Tomé comunicación intercultural, súper divertida. Como hacer una guerrilla (si, era una clase), fotografía por dos años, historia del arte dos años, y todas las clases de literatura que encontraba, así como filosofía, lógica, tú sabes, todas las clases cuyos temas no te sirven para nada. O por lo menos eso es lo que escuchaba de "los grandes." Los adultos que me preguntaban qué clases tomaba en la universidad. Mi meta era ir a la escuela para hacerme inteligente, como un gran tumba burros. No era mi intensión ir a la escuela para ser doctor, ingeniero, abogado, o para hacer lana (lana = dinero).

El Kung Fu y la Escuela

Aprenderás más fuera de la escuela que dentro. La escuela es para aprender a aprender. Más de uno de mis primos no terminó su universidad pues son muy inteligentes y se aburren. Por lo menos eso me dicen. Yo tengo otra teoría, pero no quiero usar tanta profanidad en el libro. Tan solo terminar algo a largo plazo es digno de intentarlo.

¿Sabes cuál es la definición de Kung Fu? No, no es artes marciales. Sí, estoy seguro. Yo practico el Kung Fu y otros estilos de artes marciales. Wushu es la definición de artes marciales en chino (武 "wu" = marcial o militar, 术 "shu" = arte).

¿Entonces qué es Kung Fu? La definición es "Una gran habilidad adquirida con mucha practica y en mucho tiempo." El Kung Fu es algo que requiere tiempo, atención, meditación, práctica, y consistencia. La universidad es algo similar. Si eres muy inteligente, entonces te debería ser fácil. Pero no es así. Requieres perseverancia y paciencia para graduarte.

Un emprendedor maneja el Kung Fu en su superación personal. Siempre está aprendiendo, practicando, mejorando. Cuando seas un maestro, bueno, entonces enseñarás a otros.

Aprender lo que vale la pena toma tiempo. Si claro, queremos *hacks* y corta caminos que nos aceleran la existencia, hacen más productivos y nos permiten alcanzar nuestras metas rápidamente. Yo busco estas técnicas todo el tiempo. Sin embargo, hay cosas que valen la pena, unas que tenemos que aprender bien. Yo no tengo que saber cómo funciona un motor de combustión para manejar mi automóvil. Yo sí quiero aprender los elementos de la felicidad para ser feliz y ayudar a otros a ser feliz. Si, la meta es ser feliz y si hay un corto camino lo tomaré. A la vez estudiando las causas y elementos que lo hacen posible. Así lo domino, lo cambio, enseño.

Cuando decidí que quería escribir novelas en inglés lo primero que hice fue leer varios libros de cómo escribir. Luego de eso me puse a escribir mi novela diariamente. Después de un poco me di cuenta de que no era muy bueno. Consulté escritores, vi lo que hacen, busqué alternativas, y al final de cuentas vi que no había alternativa. Tenía que leer un mínimo de cien novelas en el género de interés para poder escribir mi novela. Mientras leo estudio los personajes, los tiempos, la narración, si el cuento es lento o acelerado, y otros elementos de escribir novela. Escribo cuentos cortos para practicar, sigo leyendo más novelas. Ya sobrepasé las doscientas novelas y me siento capaz de terminar la mía. Esto es Kung Fu.

Aprende como Emprendedor

Mientras en la escuela siempre me preguntaba que por qué no me ensenaban a aprender. Seguro que me dieron un curso por ahí en la prepa de como estudiar. No lo recuerdo. A eso no me refiero. Nunca me dieron un curso de lectura rápida, de cómo razonar, de tener una memoria a largo plazo y no para las fechas y nombres que preguntan en el examen. Nunca me dieron un semestre de cómo aprender. Tal vez esto junto con finanzas sería un tema genial para jóvenes de secundaria y preparatoria. Aprender es de vida, finanzas para que aprendan a ahorrar, cuánto cuesta una familia, y cosas de esas.

Tendrás etapas donde quieres aprender ciertas cosas. Tal vez si vas a tener un hijo quieres aprender cómo ser padre o madre, como se desarrolla el bebé semana por semana, y qué hacer cuando nace. Igualmente, después estudias como educar al bebé, qué hacer y qué no, cómo dormir, entre otras.

Si eres ejecutivo de alguna empresa te interesarán los recursos humanos o la productividad. Al convertirte en emprendedor tal vez primero te interesa cómo formar un negocio, después de esto la motivación, luego cómo crecer el negocio, ventas, mercadotecnia, entre otros temas.

Te invito primero a aprender a aprender. Dedicarás mucho tiempo al negocio, al estudio, a la práctica y a cometer errores. Tal vez inviertes todo tu dinero y tu tiempo a ser emprendedor. El tiempo que pasas en tu educación será la mejor inversión no solamente para este negocio, sino para todos los negocios, para tus relaciones, para tu vida.

Imagínate que vas a correr un maratón. Tienes que prepararte y terminarlo. ¿Qué harías? Una opción es presentarte el día del maratón con tus calcetines blancos con rayitas y esperar la campana. Ahí en la carrera vas aprendiendo. Esta estrategia es la que toman la mayoría de los emprendedores a los negocios. Ahí sobre la marcha voy aprendiendo.

Tú no, tú eres un Gigante de los negocios. Tú platicas con maratonistas veteranos. Todos los que encuentras. Entras a un club o equipo de corredores, preguntas todo acerca de la alimentación, práctica, elasticidad, cuánto tienes que correr diariamente por cuánto tiempo para llegar a poder correr 42 kilómetros. Aprendes a respirar, qué tenis son los mejores, cuánta agua tomar y cuándo, qué días descansar y tomas notas de todo. Después de esto sales a correr con tu equipo. Sigues la fórmula que te dieron y obtienes los resultados. Llegas el día de la carrera como si nada, la terminas, le pones una palomita a tu lista. ¡Maratón, *check*!

El maratón es tu vida de emprendedor. La preparación es el aprendizaje y la práctica. No te puedes presentar el día del maratón sin condición. Correrás quinientos metros cuando mucho.

El ser emprendedor requiere aprender, así como el correr el maratón. Antes de esto ocupas saber algo, buscar al equipo. Esto es el cimiento de tu aprendizaje. Esto es aprender a aprender. Recuerda que aprender es cambiar. Cada que aprendes algo nuevo tu cerebro mediante tus neuronas hace conexiones celulares llamadas sinapsis. Estas te hacen aprender, ser más inteligente, pero también te cambian físicamente. Como emprendedor, como aprendedor, tienes que aceptar y buscar cambio. Si no puedes adaptarte,

cambia, acostúmbrate a lo incomodo, si no, no la armas
como emprendedor. No te preocupes, todo esto es
aprendido. Como aprendedor podrás aprender a aprender, a
cambiar, y todo lo demás.

Antes de lanzarte al aprendizaje pregúntate cómo aprendes.
Y si tu estilo de aprender es realista. Si solamente aprendes
leyendo y ocupas pleno silencio cuántos libros puedes leer
al mes. Si solamente puedes leer uno tenemos un problema.
¿Cuántos cursos, libros, seminarios tomas de superación o
de aprendizaje? Recuerdo a los veintidós años tomé curso
tras curso de cómo aprender, de memoria, de programación
neurolingüística, de comunicación, de lectura rápida, de
retención, entre otros. Esto fue para aprender a aprender.
Luego me eché el clavado de aprendedor.

Etapas e Intereses de Aprendizaje

Para mí primero fue la astronomía, luego la antropología,
también filosofía e historia. La economía y la neurología.
Tú puedes tener temas de interés diversos. Necesitas un
plan y también identificar tus etapas.

Algunos de mis amigos y muchos de mis clientes a quienes
asesoro o doy *coaching* solamente quieren estudiar sobre
negocios. No leen otra cosa que no sea de negocios. El
problema con esto es que el negocio es parte de la vida. En
la vida existen muchas cosas, no solamente el negocio. Para

ser emprendedor también ocupas ser inteligente, chistoso, creativo, e interesante. Si no tienes plática, si no descubres la simpatía, tendrás dificultades como emprendedor. Sí, es importante estudiar emprendimiento. Igual es importante la mercadotecnia, la superación, la comunicación, la inspiración, las humanidades, la filosofía y las novelas, los cuentos y otras aventuras.

Yo pasé por distintas etapas bien definidas de aprendizaje. Tú puedes optar por hacer lo mismo o mezclar los temas de tus estudios. De niño mi madre me trataba de obligar a leer y yo no me dejaba. Lo veía como trabajo, como tarea y así no me funcionaba.

Mi madre tenía la casa llena de libros. Libros en la cocina, en el comedor, en vez de platos teníamos libros. Había otros libros en las esquinas de cada recamara y en la sala. En la primaria me llamó la atención la mitología. Cuentos de batallas con grandes espadas, de dragones, de dioses y medios dioses. Vi un tomo de una enciclopedia en mi casa titulada "Enciclopedia de Mitología." Un libro enorme y pesadísimo. Estaba en la cocina, en la parte de debajo de una alacena. Me arrodillé y saqué el tomo con ambas manos. Me senté ahí mismo en el piso y lo abrí. Por primera vez descubrí que teníamos libros interesantes en casa.

Leí todas las historias de mitología griega, inglesa, y otras. Para un niño de primaria era como ganarse la lotería. Me gusto más la historia de Los Caballeros de la Mesa Redonda. El Rey Arturo, Lanzarote y Galván eran mis favoritos. Esta fue mi primera etapa del conocimiento.

En la misma cocina descubrí la astronomía. Y por un tiempo estudié las galaxias, agujeros negros, enanas blancas, planetas, y todo lo que encontraba al respecto. Me imaginaba viajando por las estrellas visitando estos lugares.

Al pasar a la secundaria las hormonas despertaron, así como el poeta. Busqué todos los libros de poesía de casa y los leí. Competía en declamación en la escuela, así que con la lectura y la competencia me memoricé mis favoritas. Esta etapa me duró muchos años hasta la preparatoria. En la preparatoria también me interesó la filosofía y la historia. Estudiaba y leía de las dos en mis ratos libres. Me llamó mucho la atención como los griegos, hace tantos años atrás, descubrieron cómo pensar, cómo razonar, la democracia, la astronomía y otras ciencias organizadas. Hasta entonces estudiaba ligeramente. Leía un poco de las cosas y pensaba un poco. No leía libros enteros de materias, no tomaba cursos. Me gustaba aprender, pero no era para tanto.

Entrando a la universidad me topé con un cassette (de cinta magnética) de superación personal. Estaba en español. Tal vez era de mi madre no lo recuerdo. Lo puse en mi grabadora y me senté a escuchar. Descubrí el secreto de aprendizaje acelerado. Si, ya se, muchos jóvenes leyendo no sabrán que es un cassette. Estudien historia.

Escuché el cassette hasta que lo eché a perder. Busqué más y no los encontré. Viviendo en Tijuana, se me ocurrió ir a Estados Unidos y buscar. Descubrí una compañía que vendía cassettes de aprendizaje por correo. Compré varias enciclopedias en cassette incluyendo filosofía e historia. En ese entonces hacia horas a la universidad y de regreso así que pude escuchar un libro diariamente.

De aquí mi pasión cambió por el arte y estudié en audios, libros y videos historia del arte, arte contemporáneo entre otras cosas. También tomé estas clases en la universidad. El amor al arte me duró bastante tiempo. Cambié a literatura por unos semestres y después a historia latinoamericana. Igual cursando estas materias en la universidad.

Mi siguiente ola vino con superación personal. Encontré todos los libros y audios del tema. Tomé cursos por audio, videos, leí libros, busqué los cien libros más importantes del tema. Cuando terminé con esto me dediqué a estudiar negocios. Aquí vino la mercadotecnia, ventas, gestión, recursos humanos, y más de doscientos libros al respecto. Ahora escuchaba todo en CD. Eran muy caros, pero era mi inversión más grande.

Sigo estudiando de todos los temas, ahora todos mezclados. Estudio una semana historia romana y la otra economía moderna o astrofísica. Hace unos años decidí escribir novela, entonces leo novela casi diariamente. Me gusta la fantasía y la ciencia ficción primordialmente. Después de aquí misterio y aventuras. Los libros de ficción son mucho más largos. Un libro de negocios puede ser de doscientas a doscientas cincuenta páginas, o de 30,000 a 40,000 palabras. Una novela puede ser de tres a diez veces más. Una novela larga no la termino en una semana. Un libro de negocio, mercadotecnia, superación, podrías terminar de leer en un fin de semana.

Ya no tengo CDs. Ahora mi teléfono tiene aplicaciones como Audible. Ahí puedes cargar todos tus libros en audio. Algo nuevo, Audible tiene canales. Esto es genial. Los canales son audios de diez minutos a una hora de cualquier tema que te interese. Temas de cocina, negocios, cuentos, política, noticias, y muchos más. Audible.com es una empresa de Amazon.com. Es la más grande de audios y audiolibros del mundo, pero no es la única.

Todos los días, despierto y en menos de dos minutos ya tengo mis audífonos inalámbricos y estoy aprendiendo algo. Mientras hago el café, me cepillo los dientes, hago ejercicio, manejo a cualquier parte, siempre tengo mis audífonos prendidos a un libro. Esto sirve de maravilla, pues aprendes mientras haces actividades mundanas. Si no tienes tiempo, hazlo mientras planchas, o mientras estas en la regadera. Apaga el radio y prende un audio cuando conduces al trabajo. Aprendes más así que con noticias o con música. Deja la música para un momento de relajación. Le encontrarás más placer y serás mucho más inteligente.

Aprende con Audios

Aprender con audios te cambiará la vida. Ponte metas agresivas. Un libro semanalmente es un buen reto. Libros de superación, mercadotecnia o de emprendimiento en audio solamente duran ocho horas en promedio. Si escuchas audios cuando te levantas por la mañana, en el baño, en la regadera, mientras te cambias, es probable que tengas media hora a una hora. El tiempo de manejo, ejercicio, cuando comes sin compañía, tendrás otra hora. Ahí ya puedes terminar un libro semanalmente sin dificultad. Si viajas esto se acelera. Cuando conduzco largas distancias es un momento de escuchar audios. Si viajo por avión igualmente.

Pero Jorge, yo tengo que leer. No aprendo con audios.

Esto lo escucho de amigos, de familia, y de clientes. Vamos a explorar el problema.

Cuando naces tienes miles de años de evolución. El bebé aprende usando sus sentidos. Aprende con el tacto, se mete cosas a la boca, aprende viendo lo que hace su mamá y su papá, observando e imitando. Aprende también escuchando. Primero aprende el significado de palabras y después a decirlas. Así aprende el lenguaje. Comunicación por sonidos tiene mucho más tiempo en el planeta que la escrita. La comunicación escrita data de 3,200 Antes de Cristo en Mesopotamia. Esto nos dice que la humanidad ha aprendido leyendo por 5,200 años. Esto aún no es correcto, pues solamente la minoría leía hasta hace poco tiempo. Era importante para la nobleza y los religiosos leer, y no para el resto de la población. El lenguaje oral data de hace 200,000 años. ¿Qué sucedió durante esos años? ¿Cómo se aprendía?

Los grandes escritos, poemas, historias y libros religiosos todos eran transmitidos oralmente. La mayoría de la población no escribía, así que ese tenía que hacer de esta forma. No había alternativa.

En 1900 el 24% de la población mexicana sabía leer. Esta era la norma a nivel mundial. En 1820 solamente el 12% de la población mundial sabía leer.

Si nadie, o casi nadie aprendían leyendo, ¿Cómo aprendían?

No saben leer, pero si saben hablar. Aprenden escuchando. La forma más vieja, más común y más desarrollada de aprendizaje y comunicación es la oral y auditiva. Desde que está el feto en desarrollo distingue acentos y tonos de voz. Puede identificar a su madre por tonalidad de voz solamente. El bebé aprende los tonos de voz de los padres y sin saber hablar sabe si están contentos o enojados. Si lo están regañando o preguntando algo. Antes de hablar puede mover la cabeza y contestar si o no a preguntas.

En tiempos modernos nos enseñan a leer cada vez más jóvenes. Leemos en voz alta de tarea, y leemos para el examen, para pasar de grado, para todo. La mayoría del contenido de los exámenes se comunica oralmente. Esto da una desventaja a todos aquellos que desarrollaron su aprendizaje auditivo. Ellos prefieren tomar la clase y repasar. Otros prefieren leerlo para comprenderlo. Este comportamiento de leer para comprender o para aprender no es natural, y se puede convertir en un defecto de aprendizaje.

Este es el problema. Cuando lees utilizas tus ojos al cien por ciento. Esto es porque no puedes despegar los ojos de la página. Leer y manejar te puede meter en problemas. Brincar la cuerda y leer es complicado. Esto nos trae otro fenómeno, la concentración. Ya que no podemos ocuparnos en muchas cosas y leer aprendemos a leer en silencio. Por eso tenemos bibliotecas sin ruido o distracciones. Un sonido puede romper tu concentración, un bebé llorando, alguien que pasa por ahí, y miles de cosas. Ahora viene el problema, leer se convierte en un evento. Necesitas un buen lugar, silencio, y tiempo. ¿Cuántas horas de esto tienes al día? Yo no podría devorarme libros de esta forma. No tengo tiempo. Tendría que robarle tiempo a otra actividad como ejercicio o el conducir.

Aprendiste a aprender leyendo, ahora tienes que reaprender haciéndolo auditivamente. Es todo. Te tardará dos o tres libros. No más. Tu mente se dispersará un poco al principio, pero es normal. Eso me pasa a mí al leer un libro. Termino leyendo tres veces la misma página. Después de practicar tu mente se reprogramará y listo. Aprenderás más, retendrás más, y tendrás más tiempo para tu aprendizaje. Recuerda, emprender es aprender.

Varios de mis clientes de coaching se hicieron expertos en aprender con audios. Cinco de ellos escuchan audios en velocidad acelerada del uno y medio o lo doble de velocidad. Yo no hago esto, no es para tanto. Me gusta escuchar las entonaciones, las comas, y el estilo literario.

Convierte el aprendizaje en una de tus metas. Está en mis metas a largo y corto plazo. Una de las cinco cosas que me hacen feliz que hago diariamente es aprender. Es igual una meta de vida. El evolucionar constantemente, el cambiar siempre, y esto se hace con conocimiento.

Ya no pongas pretextos y aprende a aprender con audios. Será la mejor decisión de aprendizaje y superación personal de tu vida. Si ya estas al cien, entonces ponte las metas de las que hablamos. Un libro semanalmente es excelente. Escribe una lista de libros que quieres consumir. Yo pondré varias listas en mi página de internet, así como recomendaciones de libro y videos de reseñas sobre los libros que leo.

Los libros que recomiendo para empezar son los siguientes:

- Padre Rico Padre Pobre
- The E Myth
- Good to Great
- Blue Ocean Strategy
- Tipping Point
- The 4 Hour Work Week
- Abundance
- Elon Musk

Búscame en las redes sociales para ver mis videos y escuchar los audios con mis comentarios acerca de estos y muchos más libros. Nuestro canal en YouTube tiene todos estos libros y mucho más.

Estos libros son un buen comienzo. Tienen un poco de todo. Desde que es un emprendedor, como motivarte sin tener jefe ni influencias que te empujen, como vender, productividad, crecer tu empresa exponencialmente, entender al ser humano, comunicación, y muchos temas interesantes.

Recuerda revisar las reseñas de estos y más libros en mi página de internet. Ahí tendré videos de comentario. Explorando qué buscar de cada libro, en qué enfocarte, y lo que yo aprendí de cada uno de los libros que leo. Esto te ahorrará tiempo y dará más enfoque mientras lees o escuchas el libro.

Para hacer crecer tu audio teca publicaremos audios y videos semanales de emprendimiento el iTunes, YouTube, Facebook y en nuestras páginas de internet. Si estás registrado gratuitamente al programa de Nace Un Gigante tendrás acceso a todos y a todo material nuevo que grabemos.

El Preguntón - Superación Personal

Tu carrera como Aprendedor no termina con los audios, videos, o con los cursos. Así comienza. Al estudiar te convertirás en un gran preguntón.

El estudiar te da la habilidad de hacer mejores preguntas, de cortar tu tiempo de aprender un negocio por la mitad. Te ahorrará dinero y triunfarás rápidamente.

Este concepto se escucha muy bonito y fácil. Y lo es. Sin embargo, muchos se ponen obstáculos enormes en cuanto a aprender haciendo y aprender escuchando.

Cuando era un peque y mi madre estaba planchando yo me subí a una silla y quería tocar la plancha. "Está caliente," me dijo mi madre. Yo no conocía el concepto de caliente. Estiré la mano nuevamente hacia la plancha para ver con lo que jugaba mamá. "Está caliente," me dijo nuevamente parando mi mano antes de que tocara la plancha. Me cuenta mi madre que la vi, y estiré la mano de nuevo. Ella se dio cuenta que aún no sabía el significado de caliente. Esta vez me dejó tocar la plancha que ya no quemaba, pero seguía caliente. Rápidamente retiré la mano, sorprendido, y volteé a ver a mamá. "Caliente," me dijo.

Mi madre cuenta que de ahí en adelante cuando quería tocar la estufa, el asador, o una vela ella me decía, "caliente," y con eso comprendía en lo que me estaba metiendo. Ya si me arriesgaba a tocar era bajo mi propio riesgo.

La moraleja de la historia. Cuando no conocemos un concepto, como "caliente," necesitamos aprenderlo antes de poder conocerlo, entenderlo y aplicarlo. En este sentido el "aprender haciendo," aplica al cien. Para ti como emprendedor es lo mismo. Ya sabes lo que es dinero, ventas, errores, contabilidad, exportación, programación y otros conceptos importantes para triunfar en los negocios. No tienes que tocar para aprender. Aprende de los demás y no cometas sus errores.

Hablamos bastante de aprender. De la dedicación y el Kung Fu del aprendizaje. De ser Aprendedor. Nada de esto te sirve si no aplicas la información aprendida. No tienes que cometer los errores de los autores, o de tus mentores. Al contrario, acelera tu empresa evitando lo que no funciona y aplicando lo comprobado.

"No mandes correos electrónicos con explicaciones," le dije a mi gerente de ventas. "Eso te crea más trabajo y queda a malas interpretaciones." Esta lección la aprendí a la mala. Mandando miles de correos electrónicos (Mi compu me dice que tengo treinta mil sin leer) y viendo que funciona y que no funciona. "Cuando mandas un correo siempre generas otro," le dije. Esto te interrumpe el trabajo, la llamada, el terminar el proyecto.

Aquí hay varias lecciones en una.
1. Limpiar tus correos no te crea dinero
2. Contestar correos no te crea dinero
3. Correos electrónicos generan más correos electrónicos
4. Hay malas interpretaciones por escrito

Estas fueron unas de las lecciones que he dado no solamente a mi gerente de ventas, sino a más de diez empleados, colegas, socios y muchos de mis clientes. En este caso el gerente siguió mandando correos electrónicos a preguntas de clientes importantes. Los correos eran largos pues las preguntas eran muchas. Cada correo generaba otro correo con más preguntas y buscando aclaraciones. Al quinto correo el cliente me copió y le marqué al gerente de ventas.

"Háblale por teléfono," le dije.

"Pero él quiere comunicación por correo pues está ocupado," me dijo.

"Déjale recado," le dije.

Escribir un correo de quinientas palabras te puede tomar media hora. Escribir cinco ya te tardó un par de horas. Hablar quinientas palabras te lleva tres minutos. El ser humano habla de ciento veinte a ciento treinta palabras por minuto. Esto sin tomar en cuenta el temperamento, la frustración, la situación, el acento, volumen de la voz o de la persona escribiendo los correos. Lo mismo sucede con textos de teléfono. He recibido en ocasión textos larguísimos. Mejor marco que contestar.

Esto no es evidente para muchos. Pues creen que el correo y textos ahorran tiempo. Si lo hacen. Si organizas una cita, mandas información, contratos o videos. Dar seguimiento por correo es elemental para vendedores. Para resolver problemas no funciona. Esto se hace verbalmente. El teléfono también expande las relaciones humanas. El tono de voz puede apagar un fuego incluso antes de descifrar el verdadero problema.

Después de dar estas explicaciones el gerente de ventas me dijo que entendía. Unos días después sucedió lo mismo. Siguió mandando correos electrónicos para solucionar problemas. Al hablar de esto con él me dijo, "es que aprendo con experiencia." No pues andamos mal.

Esto es lo que deben de evitar. Con este ejemplo ya sabes cómo enfrentar problemas comunicados por correo. No tienes que experimentar por un año, o cinco años para aprender lo que yo aprendí en una vida de estudio y experiencia. Lo puedes aplicar mañana. Te llega un problema, tomas el teléfono. Te ahorras dolores de cabeza, noches sonámbulas y un mundo de pensar el cliente problema.

A esto le llamamos aprendizaje por terceros. Por lectura, enseñanza, trabajando con equipo y con mentores.

¿Cómo puedes acelerar aún más tu aprendizaje?

Con preguntas inteligentes. Todo el estudio que hiciste con audios, seminarios y toda la bola de tarea que tienes te hace un buen preguntón. Exploramos un ejemplo.

Uno de mis libros es, "Build Your Beverage Empire," o "Crea tu Imperio de Bebidas," Un libro de emprendedores del mundo de las bebidas. Por muchos años he hecho consultaría y trabajado con emprendedores, muchos de ellos nuevos al mundo de las bebidas. Recibía hasta veinte llamadas diarias pidiendo información de cómo elaborar y mercadear una bebida.

"¿Cuánto cuesta la fórmula?"
"¿Dónde puedo embotellar?"

"¿Qué distribuidores necesito?"
Y muchas otras preguntas.

Las respuestas a estas y trescientas más preguntas están en el libro. "Lee el libro y háblame con preguntas inteligentes," les decía a los que me las hacían. Estas preguntas son tan básicas que están perdiendo su dinero pagándome por contestarlas. Mejor inviertan unas horas en leer un libro y después páguenme para contestar las preguntas importantes. Lo mismo sucederá con tu aprendizaje.

Ahora no sabes lo que no sabes. Después sabrás lo que no sabes, y lo podrás preguntar.

CAPÍTULO 8:

Emprendedor Sin Metas

Un emprendedor sin metas es como un corredor sin meta. Nunca llegarás.

Hay metas del emprendedor y metas del negocio. Son distintas y no debemos confundirlas. Aun así, las metas dependen una de la otra. Tómate en serio, muy en serio, súper en serio, el trabajo de identificar y escribir lo que quieres, lo que es importante para ti, tus metas y las metas de tu empresa.

Al principio tal vez queremos ser emprendedores y ya. Queremos la aventura, independencia, lanzar nuestra idea o simplemente comenzar una etapa nueva de nuestra vida. No nos preocupa la empresa pues esta no existe, solo existe el emprendedor. Esto cambia con el tiempo. Cuando tienes una compañía, empleados, clientes, inversionistas, cada uno de ellos es partícipe en la compañía. Tienen intereses, mantienen a su familia, y tienen sus propias metas. Si esas metas son distintas a las metas de la compañía puedes tener problemas.

Es importante que tengas metas de tiempo, metas personales y metas de dinero. También es importante que tengas metas como Gigante. Esto consiste en metas de crecimiento, de negocio, y de evolución.

Tus metas de tiempo, personales y de dinero interactúan entre sí. Tal vez necesitas más tiempo para hacer dinero y lograr tus metas personales. Las metas de Gigante son las que te llevan a un plano nuevo existencial. Estas metas son las que cambiarán no solamente tu vida sino la vida de todos los que te rodean, tal vez toda tu comunidad, ciudad, estado, país o aún más…

Meta de Tiempo

Puedes hacer más dinero, pero no puedes hacer más tiempo.

Dependiendo de dónde estés en tu carrera profesional o empresarial, ya sabes el valor del tiempo. Tu visión del tiempo también dependerá de tu edad. Si eres mayor, o entre más edad, sabes que tan importante es el tiempo y estás dispuesto a sacrificar dinero para adquirir más tiempo. Cuando estás en tus veintes y hasta en tus treintas lo que más tienes es tiempo. Aquí es cuando quieres trabajar y puedes trabajar más horas.

Una parte fundamental del programa Nace un Gigante es la libertad de tu tiempo. El poder ser dueño de tu tiempo. No importa si tienes mucho o poco. Uno de mis cursos se llama *Liberación Financiera*, es precisamente la meta de ser dueño de tu tiempo. Si no la has tomado ve a nuestro sitio de internet o habla a la oficina para adquirirlo. Puedes tomar el curso en línea en tu ordenador, laptop, tableta o teléfono. La mayoría de nuestros cursos los puedes tomar en audio o en video por internet. También tenemos cursos presenciales de liderazgo, negocio, mercadotecnia, superación personal y muchos más.

Una de las herramientas más importantes de la felicidad es tu tiempo. Piénsalo, ¿qué es lo que te hace más feliz que cualquier otra cosa? ¿Por qué no haces eso todo el día todos los días?

¿Esa es tu meta? ¿Hacer algo que no puedes hacer de momento? O tu meta es simplemente tener más dinero en el banco. En caso de que tengas esas metas de dinero, recuerda especificar cuánto dinero y qué cambias de tu vida con esa cantidad. Veremos más acerca del dinero en unas páginas, en la parte de Metas de Dinero.

En mi caso, mis metas son de tiempo. Como ya te conté tenía algunas metas de dinero. Mis primeras metas eran ganar suficiente para tener luz, agua, y tapar las goteras. Después que mi madre y abuela no trabajaran. Cuando alcancé estas metas mi meta fue viajar, luego tener casa propia en los Estados Unidos, también comprar mis automóviles favoritos. Al final lo que quiero ahora es más tiempo. Tiempo para escribir, para ser mentor, para practicar artes marciales, y para decidir cuándo trabajo y cuando no trabajo.

Es divertido ir al cine a las dos de la tarde, o tomar el café con mi madre, o con mis primos, poder cuidar a mis sobrinos y sobrinas, viajar, hacer ejercicio a medio día, todo esto me hace feliz. Para todo esto se ocupa tiempo.

Si ahorita no puedes pensar en otra cosa más que trabajar, no te preocupes. Va a venir un día en que ya no te preocupa tanto, y te preocupará el tiempo que perdiste trabajando. Así es la vida, por eso te aviso desde ahorita para que planees; para que sepas lo que es importante, para que te prepares.

Escribe una lista de las cosas que harías si el tiempo y el dinero no fueran un obstáculo. Tal vez quieres ir a la escuela, convertirte en escultor, o pintora, o dar clases en el kínder. ¿Qué tal venir a tomar artes marciales conmigo o a una de nuestras juntas de coaching de mastermind? ¿Te gustaría viajar por todo el mundo?

No solamente escribas metas de largo plazo, o que toman poco tiempo. Por ejemplo, viajar dos meses a Europa es fabuloso, pero solamente es una meta de dos meses. ¿Qué pasa antes y después de los dos meses? Asegura tu felicidad con metas de tiempo que puedes hacer diariamente, no solamente de vez en cuando. Recuerda, la felicidad se adquiere diariamente, no con metas a largo plazo.

Tus Metas Personales

¿Qué quieres de la vida? ¿Tal vez quieres viajar? ¿Una casa nueva o un automóvil? ¿Mandar a tus hijos a la universidad?

¿Tal vez quieres más tiempo e independencia? Puedes tener metas muy distintas a otros emprendedores. También puede que tus metas cambien varias veces dependiendo de tu edad, si te casas y si tienes hijos.

Mi primer meta fue clara; tener luz y agua en la casa. No requiere mucha explicación. Para muchos cae como una necesidad primaria. Mi segunda meta era que mi madre y mi abuela no tuvieran que trabajar. Igual, una meta muy clara. No tenía un número en mente. No pensaba en un automóvil, o en vacaciones, o en un reloj con movimiento automático marca IWC. Mi felicidad estaba atada a la felicidad de mi abuela y mi madre.

Estas metas las alcancé en mi primer trabajo. Aquí llegué a ejecutivo de muy joven y listo. Entonces actualicé mis metas personales. Quería un negocio. No sabía exactamente por qué, pero eso era lo que quería. Ya había sido presidente, CEO y vicepresidente de empresas, pero algo me decía que tenía que tener mi propio negocio. Creo que tenía algo que ver con el control de tu tiempo y tu destino. El no tener jefe ni límites de ganancias se escuchaba muy bien.

En mi primer negocio de tiempo completo no me importaba trabajar diez, doce, o catorce horas al día. Fue un negocio de productos de consumo. Aquí elaborábamos productos y los distribuíamos en Estados Unidos usando nuestros camiones, vendedores y por correo. Nuestros clientes eran distribuidores, supermercados y tiendas de conveniencia. El negocio no era fácil. Trabajábamos hasta doce horas diarias para ganar lo mismo que ganábamos anteriormente. El mejor beneficio que teníamos mi esposa y yo era de tiempo. Si pudimos viajar bastante y yo iba diariamente al gimnasio. Se escucha como algo no muy importante, pero para mí el ejercicio es una gran parte de la felicidad.

Mis metas personales evolucionaron poco a poco. Las preguntas existenciales tuvieron mucho que ver con esto. ¿Qué quieres hacer en tu vida? ¿Para qué estás aquí? Tú sabes, las mismas que tuviste en la preparatoria.

Después de mucho meditar, estudiar y crecer, me di cuenta de que lo que quería más que nada era tiempo.

Quiero <u>tiempo</u> para escribir, para meditar, y hacer lo que más me gusta. Lo que me gusta no requiere mucho dinero, pero si mucho tiempo. Claro, se ocupa dinero para tener tiempo. Pero esta trampa es la que nos mantiene en la oficina sesenta horas a la semana. No caigas en este error. "Trabajo para mis hijos," me dicen muchos de mis clientes. Cuando los hijos solamente quieren ir a jugar futbol con ellos. Cuando trabajas por el dinero nunca terminas. Cuando trabajas por tiempo siempre terminas. Es por eso lo que sigue, tus metas personales.

Es importante que escribas tus metas personales. Qué es lo que tú quieres. Énfasis en ti mismo. Después escribe lo que quieres para tu pareja, para tus hijos, tu madre y el resto de tu familia. Si tú no eres feliz no podrás hacer feliz a los demás. Mi primer meta sufrió de este error. Yo quería que mi madre y mi abuela no trabajaran y tuviera agua y luz. En ese entonces yo me fui a Europa a trabajar y no vivía en Tijuana. Al alcanzar mi meta en un mes me quedé sin metas. No se me ocurrió el hacer metas personales.

Piensa en lo que quieres hacer si tuvieras el tiempo y el dinero que quieres. No lo que quieres para tu negocio sino lo que quieres para ti. No para tu familia. Primero para ti. ¿Cambiarías de casa o auto? ¿Viajarías más? ¿Escribes un libro? ¿Correrás un maratón? Escribe todo esto en tus metas.

Toma estos ejemplos y úsalos como muestra de metas. Puedes copiarlos a tu cuaderno o a tu computadora y llenarlos con tu información.

Ponte a soñar

Dentro de tus metas personales puedes incluir cosas materiales, viajes, deportes, salud, tiempo, experiencias, y todo lo que creas que es importante. Escribe todas las metas que quieras de la vida y visítalas semanalmente para asegurarte que siguen siendo esas tus prioridades.

Te conté anteriormente que quería viajar a Europa. Esta meta la tuve por nueve años antes de que se hiciera realidad. Nunca la quité de mi lista. Cuando por fin se me cumplió, estuve en Europa por un año y volví múltiples veces desde una semana hasta un mes. Mi meta se cumplió por un múltiplo de veinte veces.

Otras metas fueron el tener casa propia en Estados Unidos antes de casarme, el manejar mis automóviles favoritos, escribir y publicar libros, y finalmente mis metas actuales que las disfruto diariamente y me hacen increíblemente feliz. Ahora muchas de mis metas personales se extienden a otros, comenzando por mi familia, luego mis amigos y a mi círculo de Gigantes como tú. Ya no es suficiente el hacer mis metas (y sueños) realidad, ahora quiero que los de todos se hagan realidad.

Hablaremos ahora de metas de dinero.

Metas de Dinero

La mayoría de los temas, problemas, metas, decisiones y sueños son alrededor del dinero.

> **"¡El dinero no te da felicidad, te da dinero!"**

Así como como tienes distintas metas en tu vida, el dinero debe ser una. Ahora, tómate un momento para reflexionar en el dinero. No dejes que el dinero te controle. No hagas del dinero tu meta principal. Persigue tus pasiones, y deja que el dinero pague tu estilo de vida. Esa es una buena meta para el dinero.

En esta sección vamos a escribir tus deseos y ponerle signo de dólares, o pesos, o euros. Si no tienes tus metas de tiempo y tus metas personales bien definidas, tus metas de dinero no van a funcionar. Recuerda que el dinero es una herramienta.

El Dinero Es Como Una Pala

Imagínate que tienes que hacer un pozo de cinco metros de profundidad para obtener el agua que necesitas para tomar, lavar, y vivir. Tu herramienta es una pala. ¿Cuál es tu meta?

¿Tu meta es la pala? ¿O qué tal tener más palas para terminar antes? Tu meta puede ser tener el pozo listo. Aplica esta misma pregunta a tu vida. La pala es el dinero. Tener más palas no es la meta.

La meta es tener agua. El trabajo de escarbar, la pala, el tiempo que se requiere, el pozo, todo eso lo necesitas para adquirir el agua. La meta es tomar agua, no estar deshidratado, no preocuparte de donde vendrá el siguiente trago de agua.

Piensa en el dinero como piensas en la pala. La ocupas, no puedes hacer el pozo sin la pala, pero el tener cien palas, o mil, o un millón, no te hará feliz. La felicidad la tendrás cuando puedas hacer las cosas que te gustan sin preocuparte de morirte de sed.

¿Cuánto Quieres Ganar?

Vamos a escribir tus metas de dinero. Primero anota cuánto dinero necesitas para vivir. Tal vez lo que ganas presentemente en tu trabajo o negocio. Si te va mal este es el dinero que necesitas para vivir. No te puede ir peor que lo que necesitas. Tienes que pensar que tu negocio tiene que darte esta cantidad en el peor mes, bajo las peores circunstancias, si los clientes no pagan, si hay devaluación, cuando no vendas nada.

Ahora ponte metas realistas. ¿Cuánto puedes ganar si te va bien? Estas metas son independientes del negocio. Aquí apuntas o que tú crees que debes hacer bajo circunstancias normales. No te preocupes, esta no es la meta de tus sueños, eso lo veremos enseguida…

¿Cuál es el sueño?

¿Cuánto ganarías si te va increíble? Es aquí cuando debes de hablar de millones. ¿Qué harías con ese dinero? ¿Dónde vivirías? ¿Qué harías que no haces ahora? Cuando escribas tus metas asegúrate que este negocio te puede dar para tus metas. Si no, cambia de negocio o comienza otro que si te lleve a tus metas.

Haz este ejercicio por 5 años.

Año 1, 2, 3, 4, 5:

Mínimo de ganancia mensual

Meta de ganancia mensual

Sigue el ejemplo de metas para tu tiempo, familia, salud y felicidad. En tu familia puedes incluir a tu familia nuclear o extendida. Tal vez quieres becar a tus sobrinos en la universidad.

Aquí no es donde pones las metas del negocio. El negocio es una herramienta que te llevará a alcanzar tus metas personales. Recuerda, tú no trabajas para el negocio, el negocio trabaja para ti. Este es un error muy común. El pensar que el negocio es la solución. O que el dinero está en el negocio. No es así. Tienes que cambiar este punto de vista cuanto antes. El negocio no te hace feliz, no te dará dinero, al contrario, se lo puede tragar todo si no tienes cuidado.

Recuerdo en mi negocio de distribución siempre pensar "¿Dónde está el dinero?" Vendíamos bien pero nunca veía el dinero. Entre la nómina, la renta, y la mercancía nunca me alcanzaba para nada. Mis metas estaban equivocadas. Solamente quería crecer el negocio por crecerlo. Sin tener metas personales y sin tener expectativas de cuanto me daría el negocio. Me metí a este negocio por las razones equivocadas, sin metas, sin estructura y sin estudiar la industria. No cometas el mismo error.

Analiza tu negocio y la habilidad del negocio para hacerte feliz. Ojo que hablo de hacerte feliz, no solamente de hacerte rico, o mega millonario. Tu negocio tiene que estar alineado con tus metas de ventas, tus metas de familia, personales, y de dinero. Aquí es donde tu modelo de negocio es increíblemente importante. Es probable que tu modelo de negocio actual no te de lo suficiente. En este caso, cámbialo. Todo lo que aprendí en el negocio de distribución y productos de consumo lo usé en mi próximo negocio. En este nuevo negocio de consultoría y como mentor, pude gestionar mi tiempo con mis metas de dinero. Mi meta era ayudar a emprendedores y tener la mayor parte del día para emprender nuevos negocios, estar con mi familia, escribir, hacer ejercicio y estudiar. En vez de trabajar diez o doce horas diarias, mi meta era trabajar dos, y dedicar el resto a mis distintos intereses.

¿Qué tal si no tienes negocio? ¿Cómo puedes hacer tus metas de dinero? No tienes que tener negocio para tener metas grandes de dinero. Lo importante es evaluar tu situación actual, ya sea como vendedor, empleado de producción, contabilidad, o ejecutivo. No importa solamente lo que haces, importa donde lo haces. Tienes que tener oportunidades de crecimiento en tu trabajo para poder ganar más dinero. Lo mismo aplica a los dueños de negocio. Si quieres atraer, y mantener a estrellas, tienes que darles oportunidad de crecimiento. No hablo de pagar más, ni cobrar más, hablo de producir más, o traer dinero a la empresa para poder ganar más.

No te confundas, si no traes dinero a la empresa será difícil tener oportunidades de crecimiento. Los grandes vendedores pueden ganar dinero en cualquier empresa, pueden tener comisión, bonos, y ganar lo que quieran. Encuentra una forma de participar en las ventas de la empresa para poder alcanzar tus metas de dinero. Puede ser con mercadotecnia, con ventas, con ideas nuevas de negocio, o encontrando la forma de ganar más de clientes existentes. Para que esto ocurra tendrás que entender como la empresa gana dinero, cual es el modelo de negocio, y cómo puedes ayudar a vender más.

Metas de Gigante

Así que quieres ser Gigante...

¿Cuál es la meta de Gigante?
Es ser plenamente feliz, estar en paz, ser dueño de tu tiempo y un ejemplo y mentor de los que te rodean. Como Gigante puedes ser maestro, empresario, emprendedor, inversionista, papá, mamá, tío, tía, mentor y amigo. El Gigante no es solamente una cosa, el Gigante evoluciona, es obsesivo, sobresaliente en todo, el Gigante trata siempre de ser extraordinario.

Si estás dispuesto y dispuesta a cambiar todos los aspectos de tu vida, a vivir una vida ejemplar y extraordinaria, entonces tú ya tienes la meta de ser Gigante.

En el próximo capítulo te dibuja paso por paso lo que necesitas para ser Gigante.

CAPÍTULO 9:

Personalidad de Gigante

¿El emprendedor nace o se hace?

Las personalidades de los emprendedores, ejecutivos, y negociantes es tan diversa como la de los empleados, o como la de tus hijos. En realidad, no existe un patrón de comportamiento o personalidad definida con la que nacen los negociantes exitosos. Nadie es predestinado a ser negociante o no, a ser empleado o ejecutivo. Donde naces y tus recursos podrían ser las dos influencias más grandes. De ahí en adelante todo depende de ti.

Si naciste en un país de África donde no hay agua ni comida, será difícil llegar a ser Gigante de los negocios. Tú no tienes esta escusa. Puedes leer o escuchar este libro, así que puedes ser lo que tú quieras en la vida. Solamente depende de ti, de tu energía, inversión en tiempo y recursos. ¿Qué te estoy tratando de decir? Que los gigantes no nacen, se hacen. Puedes ser tímido o tímida, no te gusta vender, tal vez no te gusta hablar en público, tener empleados, y el riesgo de no tener trabajo estable te revuelve el estómago. Tal vez tu amigo, prima, tío o conocido podría ser un emprendedor perfecto. Tiene carisma, es líder natural, administrador, o vendedor. Muy bien, lanza tu negocio o crécelo y contrata a esa persona para que sea tu gerente. No tienes excusas para no ser Gigante. Así que no me las des.

Un Gigante tiene el hambre de ser libre, de ser grande, de cambiar su vida y la vida de los demás. Si tienes estas cualidades, no necesitas más. Así de fácil. El problema es que tienes que crecer estas cualidades y disminuir tus miedos, todo esto al mismo tiempo. Tus miedos de tener un negocio pueden ser; el fracasar, el vender, la ignorancia, que dirán si no despega, mi esposa o mi esposo, mis papás, no tener un sueldo semanal, perder el seguro médico, entre muchas más. Puedo escribir otro libro solamente dedicado a todos los miedos que tienes tú y muchos de los lectores. Si el miedo te detiene, es muy fácil. ¡Quítate el miedo!

El miedo se quita no por magia, se quita con una fórmula. Sabías que la fobia de hablar en público es más grande que el miedo a morir. Esto se me hace increíble, especialmente porque hablo en público desde primero de primaria. A los cuatro años recitaba frente de los amigos de mi madre. "Jorge, ven a declamar una poesía," decía mi madre. Si, era su entretenimiento.

¿Cuál es la fórmula secreta para que no tengas miedo de hablar en público? ¿Cómo puedes dar una conferencia frente a cien, o mil personas? Practicando. Bueno, no te aventaré a los lobos el primer día. Cuando doy conferencias o talleres de cómo hablar en público sigo una forma de escalera. Primero aprendes a presentarte y a tener confianza de presentarte. De ahí sigue presentar tu negocio elocuentemente. Poco a poco con ejercicios sencillos los asistentes pierden el miedo a hablar. Cuando menos piensan están hablando frente a todo el grupo sin miedo. Esta fórmula es buena no solamente para hablar en público o para perderle el miedo a los negocios. La fórmula aplica a muchas cosas en tu vida. La repetición de algo incómodo, como hablar en público, lo hace cómodo. Yo tuve la misma experiencia boxeando y en artes marciales. Entre más combates, menos miedo a pelear, recibir golpes, o a no ser el mejor.

Es posible que veas personalidades magnéticas en los negocios, pero piensa también en los grandes billonarios de nuestra época. Revolucionarios de la tecnología como Bill Gates y Steve Jobs. Steve Jobs era arrogante y abrasivo. No le gustaba la gente. Bill Gates era tímido y tuvo que aprender a dirigir personal, a inspirarlos y trabajar en equipo. Ahora Bill Gates está cambiando el mundo con su fundación no lucrativa formada junto con su esposa. Gracias a la *Bill and Melinda Gates Foundation*, erradicarán la polio del planeta, prevendrán la malaria, impartirán la educación por internet gratuita a todo el mundo, entre otros cambios que impulsan no solamente a su comunidad, pero al mundo, hacia un nuevo renacimiento emprendedor. Para Bill y Melinda Gates los negocios son una forma de cambiar el mundo con tecnología, y de ayudar al mundo que aún no tiene acceso a tecnología. Brillante.

Moldea, o Remodela tu Personalidad

Nacimos para ser gigantes del emprendimiento. Sin embargo, no crecimos para serlos. En el camino de miles de años de evolución y durante tu crecimiento tal vez perdiste algo. No, te quitaron algo que ya tenías. Tú naciste para emprender. No tuviste opción. Todo fue decidido antes de que tú, tus padres, abuelos, y tatarabuelos existieran. Lo increíble es que desde que naciste hasta ahorita aprendiste a cómo no ser emprendedor.

¿Qué pasó?

¿Te dio miedo algo de bebé? ¿Te pegaban tus papás? ¿No te compraron el juguete que querías? ¿Te convencieron los demás de que no puedes hacer lo que tú quieres? ¿De que no puedes perseguir tus sueños?

Algo debió de haber pasado entre tu nacimiento y dónde estás en este momento. Si no contigo, si tú ya eres negociante total, algo pasó con tus amigos, familia, o conocidos. Tal vez te dijeron que lo mejor sería que te establecieras en un buen trabajo, o que los negocios no funcionan, o que no sirves para nada. Todos tienen opiniones, y no te invito a ignorarles o a separarte y contarle a quien más confianza le tengas. Yo te diré lo contrario. Siéntate con todos. Siéntate con cada una de las personas que te dicen que, si o que no abras un negocio nuevo, crezcas el que tienes, o inviertas en algo nuevo. Ellos son una gran escuela y tanto tú como yo podemos aprender muchísimo de esos consejeros. Aquí el detalle es tu estrategia. La estrategia no es ignorarlos, rechazarlos o huir de los que te critican. La estrategia es controlar la conversación para que sea positiva tanto para ti como para ellos. En vez de enojarte, mejor hazles preguntas.

Mejor hazles preguntas.

1. ¿Cuántos negocios has tenido o invertido?
2. ¿Cuánta investigación hiciste antes de abrir este negocio?
3. ¿Quién fue tu mentor en el negocio? ¿Qué experiencia tienen?
4. ¿Qué tipo de experiencia tenías antes de abrir este negocio?
5. ¿Lo hiciste con socios? ¿Cuál era su experiencia?
6. ¿Cuánto tiempo o dinero invertiste?
7. ¿Cuánto ganaste o perdiste?
8. ¿Cuántos empleados manejaba tu negocio y tú personalmente?
9. ¿Eras auto empleado o el negocio corría solito?

Estas son preguntas sumamente básicas. Te apuesto que la mayoría de tus conocidos nunca se hicieron estas preguntas antes o durante sus negocios. De estas personas estás aprendiendo, estas son tus influencias. Imagínate la conversación. Estas súper emocionado o emocionada de una idea de negocio, te sientas con tu primo, tía, amigo o alguien que quieres. Inmediatamente te dicen, "No es tan fácil abrir un negocio," o "ya déjate de esas ideas y ponte a trabajar." Muchos te dirán "Yo intenté abrir negocios y no se puede," o algo como "Si no conoces a algún político no puedes hacer nada." Aprovecha este momento para parar la charla y hacerle las preguntas adecuadas.

Que no te mientan. Hacer un negocio no es fácil. Crecer un negocio no es fácil. Llegar al punto donde el negocio te cumple tus deseos no es fácil. Pero sabes qué, aplicar a un trabajo, entrevistar, y trabajar diariamente aguantando jefes tampoco es fácil. Subir de posición y ganar mucho dinero no es fácil. Créemelo, yo lo hice. Es más fácil hacer un negocio que ir a un trabajo. Con la excepción de los trabajos que te educan y hacen mejor persona, pero ¿tienes uno de esos?

Espera. Así como no quieres malos consejos de negocio si quieres buenos. Y tu darás buenos a los demás. Yo converso con miles de negociantes, emprendedores y ejecutivos anualmente. Muchísimos me cuentan sus modelos de trabajo y a muchísimos les digo que cambien su modelo de trabajo. Si eres mi cliente de *coaching* y me dices que abrirás un restaurante porque "todos tienen que comer," te voy a reprobar con cero. ¿Cuánta experiencia tienes? ¿Es franquicia? ¿Sabías que los restaurantes fracasan más que cualquier otro negocio a menos que sean franquicias? Busca la opinión de personas con experiencia en negocios, busca contadores, expertos en materia, libros, cursos, otros negocios, mercadólogos, y edúcate en los negocios que te gusten.

Regresa al Gigante

¿Cómo regeneras tu personalidad de Gigante? Ojo que hablo de regenerar, y no de generar. Ya quedamos en que todos nacimos para Gigantes Empresarios. ¿Cómo vuelves al camino de la luz?

Vamos a hablar de una fórmula sencilla que puedes seguir diariamente y otra fórmula de mediano plazo para regresar al camino de la verdad, al camino del Gigante.

En la siguiente fórmula veras como tus acciones y opciones afectan tu futuro. Hablo de acciones diarias, no a mediano y largo plazo. Estas son las decisiones de qué comer, cómo hablarle a los demás, qué sentimientos vas a demostrar, quienes son los que te rodean, y hasta la actitud que muestras hacia ti, hacia tu negocio, hacia tus clientes, y hacia todo el mundo.

Para facilitar tus decisiones comenzaremos con la fórmula de Las Cinco Opciones. Escribe estas opciones en una hoja de papel suelta y tenla en un lugar donde puedas ver tus Cinco Opciones múltiples veces al día. Esto te servirá como recordatorio de qué es importante para llegar a ser extraordinario o extraordinaria.

Fórmula: Las Cinco Opciones

1. **¿Tienes todas tus metas bien definidas?**
2. **¿Cuáles son tus hábitos de manejo de tu tiempo?**
3. **¿Cuántos libros lees mensualmente?**
4. **¿Qué cursos tomas anualmente?**
5. **¿Quiénes son tus mentores, *coaches* y equipo de trabajo?**

No te preocupes de tu personalidad. De que si tienes pasión, atención al detalle, dedicación, o alguna otra cualidad de personalidad. Las preguntas de arriba dictarán tu personalidad. Si lees los libros correctos, ves videos indicados, tomas cursos y te reúnes con personas brillantes y motivadas no hay por dónde te puedes desviar. Si no quieres estudiar ni que te regañen otros ejecutivos, bueno, pues no la vas a armar.

Vamos a explorar Las Cinco Opciones a detalle para que puedas tomar notas.

¿Tienes todas tus metas bien definidas?
Las metas son tan importantes que todo el capítulo anterior fue dedicado a metas. Léelo de nuevo si lo necesitas y

escribe todas tus metas personales, de tiempo, de dinero, y de Gigante.

¿Cuáles son tus hábitos de manejo de tu tiempo?

Esta pregunta es más difícil de lo que parece. Hay muchas formas de manejo de tiempo, muchas formas incorrectas de manejo de tiempo, y múltiples formas de perder el tiempo. Por ejemplo, si dedicas dos horas diarias para aprendizaje puede ser genial. Si estas revisando tu teléfono para ver mensajes, recados, redes sociales, entonces no es genial. Si trabajas diez horas diarias, pero no creces tu negocio exponencialmente, no estas usando tu tiempo adecuadamente. Para poder mejorar tus hábitos de tiempo tal vez tendrás que evaluar, o auditar tu tiempo. Todo lo que haces en tu negocio y vida personal. Esto no es fácil, de hecho, es probable que necesites ayuda en hacerlo. Algo si te puedo decir, si no tienes los resultados que quieres, no estás usando bien tu tiempo. Así de fácil.

¿Cuántos libros lees mensualmente?

No te voy a enlistar los libros o cursos que necesitas. No se lo suficiente de ti y de tus negocios. Cuando te conozca platicamos de libros, cursos, videos, audiolibros, y juntas, coaching, etc. Lo que si te puedo decir es que yo leo mínimo un libro semanalmente. Durante la universidad y mi vida de ejecutivo (CEO, COO, CMO, Vicepresidente de Marketing, Ventas, etc.) me leía un libro diariamente o cursos de edición extendida. Por mi parte estudiaba en libros, audios y videos. Aprender era y sigue siendo un vicio. Horas dedicadas diariamente a mi educación de filosofía, religiones, retórica, historia, influencia, negocios, marketing, literatura, finanzas, contabilidad, artes marciales, astronomía, antropología, física, psicología, entre otros temas favoritos. He pasado por múltiples mentores, *coaches*, cursos de negocio, expertos, y amigos inteligentes.

No te preocupes, no tendrás que leer librototes de antropología para hacerte Gigante. Eso ya lo hice por ti. En mis libros, cursos, videos y audios te doy el contenido, las notas, lo más importante de cada gama, y como aplicarlo a tus negocios, ventas, influencia y finanzas.

Es por eso por lo que el manejo de tu tiempo es tan importante. Corta lo innecesario de tu vida. Ve menos televisión, YouTube, y escucha menos radio, a menos que la programación te convierta en mejor persona y te ayude a alcanzar tus metas. Piensa cada vez que tienes que hacer algo, desde contestar una llamada hasta ir a una junta. ¿Es necesario hacer esto? Dedícate tiempo. Especialmente a tu mente, tu alma y tu cuerpo. Si no haces algo diariamente para crecer esas tres partes de tu ser, no estas usando tu tiempo debidamente. Yo dedico hasta seis horas los sábados a ejercicio. Incluyendo Tai Chi, Kung Fu, combate de kick-boxing y lucha china. Seguidos por unas horas de escritura. ¿Le dedicas una hora diaria a tu cuerpo?

Recuerda que tu cuerpo está hecho para moverse, no para el sofá. Úsalo correctamente o se te descompondrá.

Moldea tu Personalidad de Gigante

¿Pero, es posible moldear tu personalidad a una de Gigante?

Clarísimo. Tú eres capaz de cambios extraordinarios. Cambios que sucederán automáticamente sin tener que hacer mucho más que seguir los consejos e indicaciones de este libro. No te preocupes, no tendrás que hacer cambios radicales en tu dieta, tu vida diaria, tu estilo de vida, tu ropa, tu forma de hablar o tu religión. No queremos que cambie tu personalidad. Lo que queremos es simplemente reencontrar y re-familiarizarte con la genética que ya tienes dentro y has ignorado todos estos años.

Para regresar a tu estado natural de Gigante tienes que recuperar tu emprendimiento cavernícola.

Tú, Pero Gigante

El Gigante no es solamente un negociante o empresario. Tú, el Gigante, es líder y mentor de empleados, familia, y amistades. Un Gigante no critica para lastimar, sino para mejorar. Un Gigante no tiene odio ni envidia.

El Gigante es líder no porque es el jefe. Es líder porque otros lo siguen, le tienen confianza, y no le permiten ser otra cosa más que líder. Tú no decides ser líder, otros lo deciden por ti. A esto le llamamos líder de alto nivel. Este líder atrae amistad, amor, confianza, por su comportamiento y sus deseos hacia los demás.

CAPÍTULO 10:

Idiosincrasia Emprendedora

De joven nunca supe lo que era un emprendedor o un negociante. Cuando estaba en la preparatoria nadie decía "Quiero se Emprendedor." Pensábamos en ingeniería, medicina, administración o en ser maestros. No conocíamos la palabra emprender, pero tampoco el concepto. ¿Cómo podría alguien empezar un negocio de la nada? ¡Imposible!

Si, algunos de mis compañeros y compañeras adolescentes tenían padres dueños de negocio. Ellos decían que irían a la universidad y después trabajarían en el negocio de sus padres. Nunca como emprendedores, siempre como empleados. Es curioso como veinticinco años después esos mismos compañeros siguen trabajando en el negocio de sus padres. No son los dueños, los jefes o los innovadores. Siguen siendo empleados. Si, empleados con más privilegios, pero aún son empleados. Sus padres o sus abuelos controlan la chequera, la visión, y el destino del negocio y de su futuro. Muchos de ellos ya dejaron el negocio familiar y se aventuraron al emprendimiento. Abandonando el nido y la seguridad de un sueldo, un auto, vacaciones y la aprobación del padre o el abuelo.

Ya que estamos entre amigos les voy a confesar algo. De
niño yo quería ser caballero de la mesa redonda. No quería
ser el Rey Arturo, pero tal vez Lanzarote, el mejor
caballero del reino. Mi etapa de héroe medieval no terminó
ahí, evolucionó a querer se Don Quijote de La Mancha, un
caballero locochón y fachoso. Esto fue el efecto de abrir la
colección de libros de mitología con dibujos que
desabrochan la imaginación de los niños. Después, al
descubrir la astronomía en la enciclopedia ilustrada de casa
decidí ser astronauta. Por lo menos astrónomo,
descubriendo galaxias y eventualmente vida en otros
planetas. No sabía que tantas matemáticas ocupas para la
astronomía. Cuando llegué a la universidad tomé varias
clases de astronomía hasta que se convirtió en física y
matemáticas. Entonces decidí irme por otro camino. Es
gracioso pensar que hui de las matemáticas hasta que le
pusieron símbolos de dólares. Entonces ya era bueno para
el cálculo.

Pero, en fin, esos sueños infantiles se fueron cuando
seriamente decidí lo que quería ser de grande, poeta y
misionero. Estoy hablando en serio. Cuando los grandes
(los adultos) me preguntaban "¿Qué quieres ser cuando
seas grande?" Lo les respondía "Lo que sea, menos señor."
Platicaremos de estos tiempos mucho más en el futuro. Por
ahora es importante que sepas que la cultura de emprender
no existía. Creo que se burlarían más de mí en aquel tiempo
si dijera que abriría un negocio que si me declaraba como

poeta y misionero. Así de distante era la noción del emprendimiento.

Clasismo en Negocios

En México, como en muchos países latinoamericanos y en hasta en España, los negocios eran o son controlados por solamente algunas familias. Estas familias controlan también el dinero, la política y la influencia. Esto no lo inventamos, lo heredamos de una cultura de realeza donde todo pertenece a la corona, a los reyes. Y cuando digo todo, es todo. Las tierras de América, el oro, árboles, maíz, los cuerpos y si, las almas de todos los latinoamericanos. "Pero cómo te atreves," es lo que pienso acerca de este concepto.

Este concepto de separación de las clases sociales no es nuevo en el mundo. No es nuevo en México y Latinoamérica y no existió solamente en España. Los árabes y los romanos, los griegos y visigodos son algunas de las culturas que se establecieron en la península ibérica. Lo que es ahora España. Los romanos siendo los que nos enseñaron la religión cristiana y costumbres de realeza, y de clasismo moderno. Recuerda que en Roma ser político era la clase más alta. Después los ciudadanos romanos, estos a su vez podrían tener esclavos, estableciendo una jerarquía social a base de poder político y monetario. La palabra plebeyo se usaba para distinguir la clase alta de la clase baja. ¿Crees que nadie usa "plebeyo" para referirse al pueblo?

Para simplificar la vasta sociedad Romana vamos a dividirlos en dos: Patricios y Plebeyos. Los Patricios nacieron para ganar. Tienen todos los derechos que Roma ofrece, son los dueños de la mayor parte de la tierra, pueden votar y estar en la política. Esta clase también incluye los gobernantes. Los Plebeyos eran todos los demás, y la mayoría de la población. La clase de Plebeyos incluía ciudadanos romanos pobres y las subclases de Clientes y Esclavos. Los Clientes no eran ciudadanos, pero son libres. Esto puede incluir un esclavo. La clase de esclavos no tenía ningún tipo de derecho.

En Roma, como en España, **el dinero y el poder no eran** de los emprendedores, negociantes o importadores de telas y especies. Los emprendedores eran los nuevos ricos nacidos cientos de años después, durante la edad media y el renacimiento. El poder y el dinero en tiempos romanos eran del gobierno. Si estabas en el poder, eras digno de tomar lo que quisieras. Esto podría ser dinero de los impuestos, tierras y propiedades, riquezas del subsuelo, todo. El gobernante era el país. Y si no te gustaba, pues, te encontrabas sin cabeza, pues esta también pertenecía al rey, senador, o emperador. Como puedes ver no mucho ha cambiado en México y el resto de Latinoamérica. Bastantes de nuestros gobernantes tienen el pensamiento Romano o español de la edad media, donde son elegidos por dios para gobernarnos y por lo tanto todas las creaturas de dios, así como los sujetos de la corona deben pagarles impuestos. Bueno, si es el deseo de dios no tenemos opción. Este fenómeno de control de la política, bancos y los bienes naturales se llama Plutocracia.

Plutocracia Hispana

La Plutocracia con su forma de pensar ha bloqueado la cultura emprendedora por mucho tiempo. Esta cultura de realeza plutócrata logró que en una generación España pasara de la primera potencia mundial a un tercer mundo. La corona pedía préstamos a comerciantes locales y extranjeros y no los pagaba. "Debes dar a la corona," fue la actitud de los reyes, "Es mío por decreto divino." Los ingleses adoptaron una cultura contraria. Dejando a los emprendedores, importadores y negociantes trabajar por si solos y hasta defendiendo sus derechos con armas si lo era necesario. Por ejemplo, si China se reusaba a comprarles opio. En vez de adoptar la posición de "todo es de Inglaterra," adoptaron la posición de "es de quien le eche ganas y tome el riesgo." En este caso Inglaterra estuvo dispuesto a declararle guerra a China para que sus intereses comerciales fueran protegidos.

Las exploraciones de Inglaterra hacia nuevos océanos no eran subsidiadas por la corona sino por emprendedores. Las ganancias de las nuevas colonias en América no eran para la corona sino para los que tomaron el riesgo, lo contrario a España. Estas comparaciones siguen hasta que mandaron colonias a los estados unidos. ¿Cuál es el punto de esta historia? ¿Por qué es importante para el Gigante? Bueno, ya debe de ser claro. Nuestros vecinos de Estados Unidos de América llegaron con una cultura donde el trabajo y el riesgo eran compensados. Donde el destino está en tus manos. En el sur fuimos conquistados, no colonizados, por España, y Portugal en lo que es ahora Brasil, donde el destino está en manos de los reyes católicos, así como las riquezas. Donde el ser influyente por camino de la política es la meta y trabajar de gobernante es lo mismo que ganarte la lotería.

Si quieres convertirte en un Gigante entre empresarios, entre ciudadanos, entre mortales, tienes que conocer tu ambiente, y cambiarlo. Vamos cambiándolo.

¿Cómo podemos cambiar esta idiosincrasia de influyente hacia una de emprendimiento? Se cambia con **influencia**. No con influencia como lo hablamos anteriormente. Esa que pertenece a los políticos maleados. Sino con otro tipo de influencia, esa de los emprendedores. Vamos a explorar esto. Como emprendedores sabemos que nos tenemos que educar, aprender, ser más inteligentes. Después de esto tenemos que lanzar nuestras ideas al mercado y ganar dinero. Una vez que ganas dinero tendrás más tiempo para pensar, para invertir tu dinero y para asesorar a jóvenes emprendedores. Multiplicando tu conocimiento, tu dinero, pero también tu influencia. Ah, ahí está, la nueva influencia. Esta nueva influencia es positiva, de construcción, de cambio. Lo mismo viene con la política. Con dinero, tiempo puedes influenciar el pensamiento de los partidos políticos. Asegurarles a candidatos que no los apoyas para que te regalen contratos corruptos, sino para hacer cambios. Es por eso por lo que los emprendedores cambian al mundo. Tienen el dinero, el tiempo, y después, la influencia.

Por lo menos una vez por semana alguien me dice que "conozco al que toma las decisiones." Esa persona puede ser el gobernador, el secretario, el diputado, el comprador de alguna cadena, o cualquier persona que toma decisiones. ¡Por ahí no va! Déjate de buscar migajas de políticos plutócratas. Crea tu propio modelo de negocio. Si necesitas influyentes para hacer dinero tu modelo de negocio no es tan bueno. Por otra parte, si puedes usar el gobierno para ayudar, para dar trabajo, educar a los ciudadanos, bueno, adelante.

Rechaza el Clasismo en la Sociedad

El clasismo y la plutocracia no suceden solamente en los negocios. Este es una plaga social.

Hace unos meses me visitaron en Tijuana unos empresarios de Puebla, México. Los recogí del aeropuerto junto con mi socio Sandro. Les dimos un paseo en nuestras instalaciones, fábricas y otros negocios. Durante los siguientes tres días los recogí de su hotel para seguir en juntas y negociaciones. Encorto les platico que todo pasó como debe y se fueron contentos con el negocio.

Al día siguiente me dijo uno de mis colegas de la oficina que nuestra visita de hace unos meses, los de Puebla, se fueron algo enojados. "Cómo crees?" Le dije. La visita estaba de malas puesto que me atreví a recogerlos del aeropuerto con un automóvil que no era ni nuevo, ni de lujo. Tijuana es una ciudad peligrosa. En años pasados ha sido la más peligrosa de todo el mundo. Yo, tan paranoico como un espía de la CIA, no te recomiendo andar en vehículo ni nuevo y mucho menos de lujo.

Este incidente me puso a pensar. En un principio me dieron lastima mis visitantes. En breve decidí incluir ese fenómeno de clasismo en este libro bajo este capítulo que lees.

El clasismo es muy curioso. En el ejemplo que te di, mi visita tiene un negocio pequeño pero exitoso con treinta empleados. Nuestro negocio tiene quinientos empleados. Aun así, mis visitantes se fijan en lo superficial. El vehículo, la ropa, el reloj, joyería, zapatos y marcas.

Te invito a que le des el valor humano a todas tus relaciones. Tanto relaciones personales como las de negocio. Dale mayor peso al corazón de las personas que al reloj automático marca IWC.

Si estás del otro lado de la moneda y te sientes raro o menos, o fuera de lugar por no tener la pluma correcta, el portafolio importado o un auto de lujo. No te preocupes más. Aquí en este capítulo arrojaremos todos esos sentimientos al mar, remplazándolos por confianza de mayoreo. Nadie/ pero nadie es mejor que tú. Son distintos, distintas, pero nunca mejores.

Todos somos distintos, a mi pocas veces me faltó la autoconfianza o autoestima. Al contrario, peco de exceso de autoconfianza y autoestima. De adolescente ni se diga.

Algo hay que dejar muy claro. Las limitaciones son autoimpuestas. Ahora en día todos tenemos acceso a información básica y barata de casi todos los temas. Si tienes acceso a este libro tienes la capacidad de convertirte en un Gigante de los negocios y líder en tu industria. Si tienes acceso a este libro también tienes acceso al cien por ciento de la información que necesitas para lograr tus sueños. Usarás el internet, audios, libros, experiencias y otras herramientas.

No necesitas ser primo, amigo o conocido de algún plutócrata. El Gigante puede establecerse y hacer negocio en cualquier país. Si estas en los Estados Unidos es lo mismo. Si no hablas inglés no importa, el Gigante se las averigua. Pero hazme un favor, ¡aprende inglés!

El conocimiento que te convierte en Gigante no es secreto. No es de reyes, de políticos o de viejos empresarios. Aquí verás gran parte de esta información en otros capítulos. Ya no necesitas ser parte de un club o una universidad. No importa si eres mujer o hombre, blanco, negro o amarillo, rico o pobre. Aquí lo que más importa es la acción. Acción para superarte haciéndote más inteligente. Acción para usar tu inteligencia. ¿De qué hablo? Estudia mucho y aplica la información al por mayor.

Si te das cuenta de que otros te ven como menos, que no quieren hacer negocio contigo o te hacen de problemas, gánatelos. Recuerda que serás estudioso, elocuente y simpático. Todas las cualidades de un Gigante. No importa el obstáculo que tengas frente. Tu cabeza y tu corazón pueden más que todos.

Borra Tus Excusas

Vamos a revisar algunas de las excusas más populares de por qué no puedes abrir un negocio nuevo, crecer un negocio o invertir en una empresa. Para este ejercicio también vamos a listar otras metas de vida en las cuales las excusas nos ponen un alto.

Antes de todo vamos a poner algunas reglas. No todo es posible. Yo estoy convencido de que ya no puedo crecer cinco centímetros más de altura. Si, hago todo lo posible. Me alimento bien, me estiro diariamente, practico yoga, hasta me cuelgo de cabeza y nada. Si existen limitaciones, sin embargo, no en todo. Vamos a ver algunas de las cosas que parecen imposibles para muchos. Aquí te va una lista pequeña de lo que más escucho, tú tómate un momento y haz tu propia lista:

Lista de imposibilidades comunes:
- No puedo aprender inglés
- No puedo bajar de peso
- No puedo hacer ejercicio
- No puedo hacer más dinero
- No puedo dejar de fumar

Muchos de mis amigos, conocidos, familia y clientes me dicen que **no tienen tiempo**. Este es el pretexto número uno después de **no puedo**. Algo así como "No tengo tiempo de hacer ejercicio." Hay algunos de mis clientes de coaching que tienen metas de viajar, de aprender un deporte o actividad, de encontrar un nuevo amor, o de escribir un libro.

Escribir un libro es una meta grande que todos deberían tener. Yo quisiera que tu escribieras un libro, es de las cosas más importantes que puedes hacer en tu vida. Esto te hace inmortal, te da confianza, te convierte en experto en tu

industria. Mis clientes me dicen "tengo cinco años
intentando escribir mi libro." Algunos tienen diez, y hasta
veinte años intentando. Me dicen que es muy difícil, que no
tienen tiempo, que no tienen dinero, las mismas excusas
que usan para perder peso, hacer ejercicio, aprender inglés
o cualquier otra actividad nueva. Exactamente lo mismo
pasa a la hora de comenzar y crecer un negocio. Son las
mismas excusas, nada cambia. Vamos a explorar una de
estas actividades. Escribir un libro es fácil. Yo escribí
muchos y tengo más aun por terminar. Libros de historia,
negocio, novela, superación y otros. Como en los negocios,
también en escribir libros existe una fórmula secreta de
cómo hacerlo. En vez de pedir esta fórmula, muchos se dan
por vencidos como que escribir es una imposibilidad. No,
no y no. Escribir un libro es una técnica, una fórmula que
todos aprenden en un par de horas. De hecho, mis clientes
escriben un libro en un día. ¡Así de fácil! Recuerda, no
sabes lo que no sabes, por eso tienes que preguntar. Por eso
necesitas de mentores, coches, amigos, y otros más
inteligentes que tú. Sin ellos nos quedamos estancados. Sin
libro, sin perder peso, sin hablar otro idioma, sin aprender
algo difícil, sin negocios extraordinarios.

Fórmula de Posibilidades
1. Borra tu vocabulario
2. Adopta un vocabulario nuevo
3. Escribe tus metas
4. Revisa tus metas diariamente
5. Escribe tu fórmula para llegar a la meta

6. Repite la fórmula diariamente
7. Mide tus resultados

Cambia tu Vocabulario

Escucha tus palabras, expresiones, frases, y refranes. ¿Qué palabras y expresiones utilizas que tienen un limitante natural dentro de ellas? Lo más fácil de identificar es la palabra "no." ¿Te has dado cuenta de que una de las primeras palabras de los bebés es esta palabra no? ¿Por qué es tan común en los bebés? No la aprenden solos ni solas. La palabra viene de los padres. No toques eso, no te vayas hacia allá, no grites, no te metas eso a la boca. Cada vez que los padres le dicen que no a una criatura están limitando su capacidad, su valor, y su visión hacia el mundo. El mundo se hace limitante en vez de abierto y fácil de navegar. Podrías adivinar que mi madre no usaba la palabra no conmigo. Me dejaba hacer, explorar, hasta equivocarme, caerme o quemarme con la plancha.

La palabra NO es potente, pero no es la única palabra o frase que usamos. Escribe las palabras, refranes y oraciones que te limitan en negocio, familia, amor, personalmente, en deportes o en tu vida. El escribirlas será para ti matarlas. Escribe todo lo que se ocurra por una semana en una hoja de papel. Al final de la semana léelo una última vez, y quema la hoja. Así enterramos todos los limitantes.

Todos somos culpables de autolimitaciones. Sin ayuda de nadie nos convencemos de que bajar de peso es difícil, o dejar de fumar, abrir un negocio, hacer cien lagartijas, viajar por el mundo, jugar tenis, entre otros. No ayuda que tu familia, amigos y hasta extraños también te limitan con su vocabulario. "Estas loco, no exageres, eso no se puede, estás soñando," es lo normal.

Estos son unos ejemplos de palabras y frases que tienes que quitar y substituir en tu vida. Úsalos para ti y para los demás.

- No puedo: Sustitúyelo con si puedo, si lo haré, con práctica, es cuestión de tiempo
- Es muy caro: Sustitúyelo con no quiero pagar eso, estoy dispuesto a pagar menos
- No me alcanza: En este momento no me alcanza, no es mi prioridad comprar eso, voy a poner una meta para comprarlo.

Una de mis metas de ejercicio consistía en poder hacer cien lagartijas, veinticinco *pull-ups* o dominadas, seis lagartijas de cabeza, cuatro *muscle-ups*, y diez sentadillas trepado en una pelota de yoga. Cuando compartí mis metas con entrenadores me dijeron "es importante que tengas metas un poco más alcanzables." ¿Qué? Eso no es lo que quería escuchar. Unos días después supe que ninguno de los diez entrenadores del gimnasio podía hacer estos ejercicios. Tal vez por eso me recomendaron que no lo tratara. Después de todo les doblo la edad. Como te imaginas no podía hacer ninguna de mis metas. Tardé de tres a seis meses para poder lograr mi meta, entrenando siete días a la semana por tres horas diarias. No fue ni fácil ni rápido. Podía hacer lagartijas, sabía que eso sería lo más fácil. Lagartijas de cabeza, no tan fácil. Ni siquiera podía sostenerme de cabeza unos segundos, menos bajar y subir bajo mi propia fuerza.

> *¿Qué metas tienes en tu vida? ¿En tu negocio? ¿Qué tal con tu familia?*

¿Quieres escribir un libro? Es fácil. Escribe cien palabras diarias para comenzar. Cien palabras es una meta ideal. No es muy poco, así que no te aburrirás, y no es muy largo, así que no te desesperarás de no poder escribir las cien palabras. Cien palabras es un párrafo. Cien palabras con menos de un minuto hablado. Si te puedes sentar a platicar con alguien, o hacer una llamada de uno o dos minutos acerca de tu vida, tu negocio, o algún tema de superación personal, entonces puedes escribir un libro poco a poco. ¡Este corto párrafo tiene cien palabras!

¿Quieres escribir más? Con practica podrás escribir doscientas palabras, quinientas, tal vez mil palabras diarias. Cuando escribo libros de ficción trato de llegar a las mil palabras diarias. Cuando escribo negocio o superación personal mi meta es dos mil palabras diarias. ¿Cuánto tiempo te tardara escribir mil palabras diarias? Si es para un libro de no ficción, te tardará entre dos y cuatro horas. Si es ficción, como una novela, te puede tardar mucho más.

Como nota personal, te invito a escribir por lo menos un libro. En un mundo mortal, aseguraras tu inmortalidad. Los egipcios de la antigüedad tenían este dicho: "Mueres dos veces, la primera cuando el alma deja tu cuerpo, la segunda cuando la ultima persona que se sabe tu nombre muere." En mi mente, mis libros me harán vivir para siempre. Quiero lo mismo para ti.

¿Quieres doblar tu negocio o abrir un negocio nuevo? Sigue la misma fórmula.
- ¿Qué estudiarás diariamente?
- ¿Con quién platicarás que sabe de ese negocio?

Ponte metas de tiempo invertido, de aprendizaje, de mercadotecnia y de ventas.

CAPÍTULO 11:

El Brinco a Emprender

¿Cómo y cuándo darás el brinco a emprendedor?

Si el emprendedor es una mariposa,
empezó como gusano.

En uno de nuestros ejemplos vimos a Luis cansado en su trabajo con un mal jefe que le gritaba y lo trataba mal. En el momento que pensó que no quería otro trabajo sin un negocio se convirtió en un emprendedor. Tal vez no en mariposa, pero de seguro un gusano.

La decisión es cuando lees un libro que te inspira, cuando cuestionas el modelo de trabajo de donde trabajas. Cuando sabes que podrías hacer mejor trabajo que los demás. Será distinto para ti que para mí y que para todos. Lo que es igual es la flama. Esta flama es la que quema arriba de nuestro estómago. La que no nos deja en paz.

Yo pasé por varios negocios sin saber que estaba emprendiendo. Vendí sodas en la frontera de Tijuana y San Diego a los dieciséis años. Traté de vender café también en la calle cerca de una colonia de ricos en Tijuana. En otra ocasión cruce a los Estados Unidos e intenté primero limpiar patios y después limpiar alfombras. Ninguno funcionó. Si lo vemos como negocio, diríamos que fracasé cuatro veces antes de ser mayor de edad. Pero por supuesto que nunca lo vi de esa forma. Simplemente lo guardé en un compartimento de mi cerebro que no uso.

El primer negocio próspero fue uno familiar. Y cuando digo próspero lo digo porque de ahí se mantuvo la familia por dos años, no porque hicimos mucho dinero. Con el negocio comprábamos comida y vivíamos al día, pero vivíamos.

Revistita Chafa

Mi madre hizo el negocio llamado TV Sugerencias. Una revistita medio chafa que imprimíamos mensualmente. Cuando digo revista me refiero a hojas tamaño oficio dobladas por la mitad engrapadas.

Ocupábamos dinero cuando mi madre se salió de su trabajo de maestra subdirectora de la escuela Conalep en Tijuana. Se le ocurrió esta idea, pero ocupaba mi ayuda. Ella buscaba el material y yo lo transcribía en una máquina de escribir electrónica. No teníamos computadora pues eran muy caras. Yo también la distribuía en algunos negocios de Tijuana.

El concepto fue simple. Mi madre mandó una carta a los canales de televisión. Los locales mexicanos y los americanos cuya señal llega hasta la ciudad fronteriza de Tijuana. Les pidió que le mandaran su programación mensual por adelantado y listo. Teníamos una guía de televisión gratuita. Ahora solamente teníamos que vender la publicidad. Mi madre vendió lo suficiente para pagar la impresión de la revista y los gastos de la casa. Sin saberlo era socio de un negocio familiar. La revista contenía uno o dos artículos mensuales hablando de educación, familia, salud y otros temas populares.

En este negocio desapercibido aprendí a construir y editar una revista, trabajar con el diseñador, impresor, y hacerlo todo bajo restricciones de tiempo. Después de tener el texto lo imprimíamos y lo armábamos en papel. Era como un rompecabezas. Ahora seguía hacer las placas para la impresión. Íbamos mi madre y yo a otro lugar a hacer las placas. Luego a llevárselas al impresor.

No me gustaba hacer todo este menjurje, pero era parte de mi contribución al hogar. Si hubiera pensado como emprendedor tal vez hubiera expandido la revista, pero no eran mis intenciones. Lo veía como algo más que hacer. Limpiar mi cuarto, cargar agua, ayudar a mi abuela, imprimir la revista. No caigas en mi error. Si tienes un micronegocio, imagínatelo como mega negocio, y lucha por obtenerlo.

El Momento De La Verdad

Siempre me gustó la mercadotecnia. Así como estudiaba astronomía y literatura también estudiaba publicidad, mercadotecnia, ventas y métodos de influencia. Mientras estudiaba la universidad leía y tomé la mayoría de las clases de negocios que tenía la escuela. Desde contabilidad hasta gestión de personal, finanzas, leyes comerciales, todo lo que encontraba. Igualmente leía acerca de negocios y hasta experimentaba con algunos. Sin embargo, nunca pensé en hacerlo tiempo completo. Nunca se me ocurrió que podría tomar el emprendimiento como carrera. En mi mente el camino seguía siendo graduarme, trabajar, y llegar a ser gerente, luego director, después vicepresidente y presidente de una empresa. Creía que ese era el mejor camino para los negocios.

Ahora recuerdo esos momentos, hace más de veinte años. No comprendo cómo no se me ocurrió dedicarme a ser emprendedor. Ya tomaba cursos y leía libros de emprendimiento. Es probable que yo creía que un trabajo me daría dinero más rápidamente que cualquier otro proyecto.

Usando la fórmula de la suerte que vimos anteriormente logré llegar a ser vicepresidente y después CEO y presidente de mi primera empresa. Seguía estudiando ventas, gestión de negocios y mercadotecnia. Leyendo agresivamente todo lo que me encontraba y soñando ser emprendedor. No fue hasta los treinta años que decidí no buscar otro trabajo y comprar un negocio.

En mi caso el camino fue larguísimo. Duro más de veinte años desde que sabía que tenía que ser emprendedor hasta que me decidí ser emprendedor tiempo completo. Cuando por fin lo decidí me acababa de casar, perdí mi trabajo y ya tenía pagos de hipoteca y otros compromisos financieros. Tal vez esto se ve como el peor momento para convertirme en emprendedor de tiempo completo. Mi mentor me dijo que estaba loco. Que él nunca hubiera podido arriesgarse de esa forma. Para mí fue una decisión fácil. Bueno, relativamente fácil. Tardé veinte años en decidirme.

Aun con la decisión hecha no empecé un negocio. La verdad, tan rara como es, no se me ocurrió abrir algo, empezar algo. Quería comprar un negocio. Revisaba diariamente el periódico y el internet buscando negocios en venta. Visitaba muchos, todos muy caros. Otros mentían en cuanto a la ganancia o eran transas donde te querían vender otra cosa. Seguí buscando y por fin encontré uno. Me gasté todos mis ahorros en la compra, pero no me importó. Era un negocio con ventas y con mucho trabajo yo sabía que lo iba a mantener y crecer. Así es como me convertí en emprendedor de tiempo completo. No me importaba el negocio. Traté de comprar una guardería, una empresa de limpieza de alfombras, una distribuidora de dulces, y muchos otros negocios. La mayoría pedía más de cinco veces el dinero que yo tenía.

Así fue como entré al mundo del mayoreo y la distribución. Compré una pequeña distribuidora de productos y repartía a tiendas en San Diego, California. En tres meses me asocié con la persona que me vendió el negocio e hicimos un negocio a nivel nacional. Poco después ya era un experto en distribución con más de diecisiete mil cuentas en Estados Unidos. Escribía artículos acerca de distribución y entrenaba a otros distribuidores en cómo empezar sus negocios. Con esta oportunidad desarrollé más de mil productos de consumo y trabajé con las cadenas y distribuidores más grandes de Estados Unidos. Ganaba lo mismo que como ejecutivo, pero con libertades. Podía ir a hacer ejercicio todos los días. Pasaba más tiempo con mi esposa. Pude contratar y darle trabajo a mi familia y como tenía un poco de tiempo, mi esposa y yo viajábamos de vacaciones varias veces al año.

Inmediatamente abrí otro negocio de ventas por internet. Vendía de mayoreo. Este fue mi segundo negocio. De ahí compré a crédito junto con mi primo Eduardo un negocio de limpieza de oficinas como mi tercer negocio. Ya tenía tres más el de mi socio de distribución nacional, cuatro. También distribuíamos bebidas y abrimos otra distribuidora en Tijuana para las bebidas.

El negocio de la distribución era de talacha. Pasaba horas en la bodega empacando y arreglando producto. Nunca se acababa el trabajo, nunca terminaba de ordenar. Siempre pensaba en trabajar, en ir hacia adelante, en seguir el negocio y crecerlo. Siempre seguía estudiando y leyendo, eso no cambiaba. Un día entró mi esposa a la bodega y me vio lleno de tierra, mis pantalones manchados, empacando producto, doblado del dolor de espalda. Caminó hacia mí evadiendo producto y cajas. Se paró junto a mí sonriendo.

"¿Esto es lo que quieres hacer?"

Me enderecé un momento y estiré mi espalda. Volteé mi cabeza a verla un poco confundido. Se dio cuenta que no le entendía.

"¿Esto es lo que quieres hacer? ¿Ser bodeguero?" me preguntó apuntando a la bodega.

Parpadeé procesando la pregunta. Desperté el hámster que vive en mi cabeza y comenzó a correr en la rueda de aluminio. Podía escuchar el rechinido de la rueda dando vueltas. Mi cerebro procesando la información.

"No," le contesté por fin.

"Si ya sé," me dijo. "Todo lo que estudias, todo lo que haces, y estas metido en una bodega," me dijo.

Ella tenía razón. La pasión de ganar, de sobrevivir pase y el deseo de ser emprendedor me hicieron comprar un negocio. Ya no necesitaba ese negocio. Lo pusimos a la venta inmediatamente.

Ese fue el segundo momento de la verdad. El primero fue cuando decidí ser emprendedor tiempo completo. Lo que sea, pase lo que pase. El segundo cuando vi que no era pase lo que pase. Era poder hacer lo que me gusta, lo que quiero hacer, ser emprendedor a mi forma, con mis reglas.

Hice inventario ahora no de producto sino de mis prioridades. De lo que quería de la vida y lo que quería hacer. Abrí un negocio de consultoría y ayudaba a negocios de bebidas y de productos de consumo. Luego me uní a un equipo de distribución en México. Una de las empresas más grandes de distribución a nivel nacional. Me divertía, escogía clientes que me caían bien, y tenía tiempo para dedicarle a mi familia, a mis libros, al estudio. Aun trabajo con algunos emprendedores de bebidas y productos de consumo. Tengo videos y audios que grabo mensualmente para mis seguidores en esta industria. La mayoría están en Estados Unidos.

Ahora soy emprendedor serial. Trabajo en muchos negocios, la mayoría en México, aunque tengo varios clientes en Estados Unidos. Mi misión es de trabajar con emprendedores. Yo si comencé como gusano.

Tu decisión de ser emprendedor no tiene que tardar veinte años como la mía. Tal vez si lo tarda al final, pero no tiene que ser así. Puede que trabajes de gerente o directivo de un negocio y si te retiras tienes lo suficiente para un negocio. Tal vez te gradúas de la universidad o la maestría pronto y quieres emprender en vez de tomar un trabajo.

Jorge S. Olson

Tu Lista De Decisiones

Antes de decidir qué vas a hacer es buena idea hacer una lista. Una lista de prioridades, una lista de tus metas, de tus debilidades y de lo que quieres de la vida. No quisiera que te lanzaras al emprendimiento como yo lo hice. "Lo que sea pase lo que pase." No es para tanto. Ese fue un error que te lo pasó al costo. Preparándote con un plan de vida de emprendedor te dará una mejor visión al futuro. ¡Será tu bola mágica!

¿En qué consiste tu lista?
Cada lista será distinta. Para algunos el dinero es más importante, para otros el tiempo, unos quieren la aventura o no tener jefe. Muchos tienen un producto o una idea que les come el estómago para salir y lanzarse al mercado. Vamos a hacer una lista general y te invito a que la cambies conforme te convenga.

1. **Dinero e Inversión**
   ¿Ocupas dinero para cubrir tus gastos?
   ¿La inversión es para vivir o para el negocio?
   ¿De dónde viene la inversión?
   Relación con inversionistas
2. **¿Qué te gusta?**
   Vender
   Mercadotecnia
   Repostería

182

3. ¿Cuál es tu plan personal?

Escribir

Arte

Viajar

Ejercicio

Dinero e Inversión

Aquí no hablaremos del dinero que quieres hacer. Esto lo dejamos para tus metas del negocio. Aquí exploramos lo que ocupas para hacer la decisión de ser emprendedor. De cuánto dinero necesitas para comenzar y sobrevivir en tu vida de emprendedor.

Si Ocupas Dinero

- ¿Cuánto ocupas para vivir?
- ¿Ya tienes ese dinero en el banco?
- ¿Cuánto tiempo sobrevives con tus ahorros?

Si ocupas dinero semanalmente para vivir tienes que ser realista y tomar decisiones de acuerdo con tus gastos semanales o mensuales. ¿Cuánto dinero necesitas y cuanto quieres ganar? Estas son preguntas distintas. El mínimo que necesitas no es negociable. Tienes que ganar esa cantidad para poder seguir operando el negocio. Lo que necesitas no son los gastos del negocio sino tus necesidades personales y de tu familia. Tienes que cubrir tus gastos de casa, ropa, comida.

Si tienes algo de ahorros divide tus ahorros por el número de meses que te cubrirá si no ganas nada o si te metes en algún problema. Este es tu colchón. Tal vez tienes un colchón de un mes, tal vez lo tienes de un año. No uses este dinero para salir de vacaciones o comprar un auto. No se lo des a tus hijos o a tus padres. Este dinero cubre necesidades básicas. Cuando hagas dinero del negocio podrás hacer repartición, comprar regalos, o invitar a todos a una gran fiesta. Por ahora ese dinero es para la papa.

Tu primera meta es ganar lo mínimo que necesitas para cubrir gastos. Escribe esa cantidad en tu lista y subráyala. Es muy importante. Cubriendo esta meta mínima te dará vida para seguir adelante sin preocupaciones de como pagarás la renta o el agua. Si te tienes que preocupar por pagar el agua algo está mal y no estas siguiendo la fórmula del éxito.

Si Ocupas Flujo de Dinero o Inversión

Este escenario es por si ocupas flujo de dinero diario o semanal. En este caso, si no ganas dinero no tienes dinero para la renta o hipoteca, ropa, comida y gastos de necesidad primaria. Tal vez tienes un poco de ahorros y puedes sobrevivir uno o dos meses. Tal vez mal. Todo esto es parte de tu plan de trabajo. Si vives con tus padres o tu pareja trabaja eso es otra contribución a tu vida de emprendedor.

Escribe cuanto necesitas ganar diariamente, semanalmente y mensualmente para cubrir tus gastos. Esto es lo mínimo que puedes ganar junto con tu pareja, tus padres o quien sea que te ayude a cubrir los gastos.

Usa la herramienta de la lógica para determinar si un negocio vale la pena. Si tu idea de negocio es formidable y extraordinaria, pero te tardará diez meses en llegar a ganar el mínimo que necesitas para vivir, entonces, pues, no es buen negocio. Recuerda que si entras con todo a un negocio y necesitas dinero el plan a corto plazo es sumamente importante. Sin este plan no tienes para comer.

Si No Ocupas Dinero

Si no ocupas dinero tienes flujo de dinero. Tal vez estas pensionado, o tal vez de la familia o de otros negocios. En este caso tu plan de negocio puede ser a largo plazo. Podrías usar todo el dinero de ventas para crecer y vender el negocio en cinco años o para comprar más negocios o a la competencia.

El tener dinero te da rapidez y te da experiencia. La experiencia viene porque puedes contratar a gente que la tiene. La rapidez viene no solamente con esa experiencia, pero puesto que puedes acelerar el proceso y equivocarte más. No importa si pierdes dinero en una campaña de mercadotecnia si puedes adquirir clientes a largo plazo. Si no cuentas con dinero no puedes hacer esto. Sin dinero ocuparías clientes inmediatos, aunque tengas que vender más barato o hacer compromisos que normalmente no harías.

Si no ocupas dinero inmediato relájate y piensa estratégicamente. ¿Invertirás dinero en este negocio? ¿Pedirás a otros que inviertan? ¿Cuál es tu estrategia a largo plazo? Tu estrategia a largo plazo podría ser vender la empresa, llevarla a la bolsa en México, Estados Unidos, Canadá o Europa o dejarla privada y repartir dividendos entre los dueños o inversionistas. Cada caso es distinto, y tienes que apuntar el plan desde el principio.

¿Qué Te Gusta?

Cuando compré mi negocio de distribución no fue porque me gustaba la distribución. Fue porque buscaba una oportunidad de negocio y no me importaba lo que fuera. Quería ser emprendedor y ya. Fue un error. Uno que tú no repetirás. El ser emprendedor es un privilegio. Es algo positivo, agrega a tu lista las cosas que te gustaría hacer todo el día. Lo que podrías hacer no solamente hasta las cinco de la tarde, sino hasta las tres de la mañana.

Por ejemplo. A mí me gusta escribir, enseñar y la mercadotecnia. Ahora escribo todos los días. Esto me hace feliz. No lo hago por el dinero y no escribo solamente libros de negocio. Escribo libros de superación, estoy trabajando en novelas de ciencia ficción y misterio y ya publiqué historias autobiográficas. Entre mis libros también tengo publicado uno de política. Yo no lo veo como trabajo y podría escribir y leer doce horas diarias. De hecho, muchos días lo hago. Al ser emprendedor convertí mi pasión en negocio. Una de mis empresas, Promocave.com, tiene ahora cien mil escritores como miembros. Este negocio es un club para escritores. Aquí tenemos videos de cómo escribir, cómo vender libros, seminarios y podcasts. Igual trabajamos con escritores de negocio para escribir y publicar sus libros.

El enseñar mercadotecnia lo convertí en negocio desde hace casi quince años. Dando cursos de mercadotecnia y de emprendimiento por todo EUA y México. Tú también harás lo mismo. Convierte tu pasión en tu negocio. Uno de mis amigos es amante del ejercicio y ahora tiene gimnasios en varias ciudades de México. Tal vez los conoces. Tal vez eres miembro. Otro de mis amigos es dibujante y da talleres de dibujo. Mi madre es artista y escritora y su pasión son los niños. Ahora da clases de pintura a niños y le fascina. Puedes convertir cualquier pasión en negocio. Desde deporte hasta tu *hobby*. Si te encanta la comida, pero no quieres poner un restaurante tal vez pones una escuela para cocineros o una revista de comida.

¿Por qué quiero que hagas una lista de lo que te gusta hacer? Dos motivos. Uno, tienes que hacer lo que te gusta.

Dos, si te gusta tendrás pasión. Con pasión es mucho más fácil crecer tu negocio exponencialmente.

Tu lista debe tener todas las actividades que te gusta. Desde leer hasta la música, el ejercicio, jugar futbol, ver el box, ir a conciertos, viajar, el vino, todo. Después de hacer tu lista escribe negocios que se te ocurran de cada una de las cosas de tu lista. No pienses en cómo lo harías o cuánto cuesta. Escribe todo lo que se te ocurra y sigue adelante. Si tienes equipo o vas a alguna junta de negocios o de mastermind. Pídeles a todos que contribuyan a la lista. Este ejercicio dobla o triplica el número de ideas en diez minutos.

¿Cuál es tu Plan Personal?

Ya hablamos anteriormente de tus metas. Ahora convertirás esas metas en un plan. ¿Cuál es la diferencia? La meta es lo que obtienes. El plan es el camino. Ya escribiste tus metas de felicidad. Ahora vamos a delinear el camino hacia tus metas.

Tu plan personal no es el de trabajo. Este es tu plan de vida. Describe tu vida perfecta. ¿Qué harías diariamente? Es importante que tu plan de vida vaya de la mano con tu plan de negocio. Si quieres estar más tiempo con su familia, pero trabajas doce horas diarias algo anda mal.

Aquí no describiremos el automóvil que quieres, o la casa de playa o el avión privado. Esas son cosas. Aquí escribe lo que tú quieres hacer. Lo que te hace feliz diariamente.

El ejercicio es muy simple. Haz una lista de las cinco cosas que quisieras hacer diariamente. Lo que te haría feliz a ti. No a tus hijos o a tu pareja, no a tus padres o abuelos, a ti.

El no enfocarnos en nosotros podría ser cultural. Pensar en los demás primero, sobre todo en los hijos. Parece ser lo correcto, pero no lo es. Tus hijos, tu pareja, tus padres no serán felices si tú no eres feliz. Así es la vida. Tienes que hacerlo con ejemplo. ¿Cómo quieres enseñar a tus hijos que sean felices si tú no eres feliz? Esa es la definición de hipocresía.

Recuerda que el tener un negocio no te hará feliz instantáneamente. El negocio es un camino. Ya que lo escoges lo tienes que caminar. No se camina solo. Es lo mismo con la felicidad. El negocio es parte de tu felicidad, pero la felicidad también es un camino. Ya que escoges el camino lo tienes que caminar. Ya decidiste que quieres ser feliz. Ahora da los pasos, camina, hacia la felicidad.

CINCO DIARIAS

Compartiré mis cinco actividades diarias de la felicidad. Las tengo escritas en una tarjeta que cargo conmigo en mi portafolio. Tú puedes cargar tus cinco actividades en tu bolsa, tu cartera, puedes pegarlas al refrigerador o a tu espejo del baño. Es un recordatorio diario de lo que haces en el planeta. ¿Contribuyes más siendo feliz?

Tus cinco actividades son personales. No son las cosas que le gusta a tu familia, no es pasar tiempo con tu familia o visitar a tu madre. Esto lo puedes escribir bajo metas familiares si cuando escribas tus metas de vida. Estas actividades son las que te hacen feliz a ti.

Lo que hace Jorge:
1. Escribir
2. Ejercicio
3. Enseñar
4. Aprender
5. Meditar

Estas cinco actividades las hago diariamente y me hacen completamente feliz. Sí, me encanta estar con mi familia, no solamente mi familia nuclear, sino con todos. Me gusta ver el box y las peleas, me gustan muchas otras cosas. Sin embargo, estas las escogí pues me hacen feliz y me hacen mejor persona a la vez. Igualmente tengo control sobre todas estas actividades. Me gusta el box, pero no pasan peleas diariamente en televisión. Sin embargo, yo puedo boxear diariamente si lo deseo y si lo pongo como ejercicio.

El escribir es simple. Escribo lo que sea. Desde novela hasta este libro de negocios. Aparte de libros escribo cuentos, canciones, poesía, todo lo que puedo. Siento que escribir es mi contribución al mundo. Me hace sentir útil y que mi vida tiene propósito.

¿Haces ejercicio? Tu salud es importante. Yo tomo el ejercicio muy enserio. No solamente correr, nadar o hacer pesas. Me lo tomo como si fuera un atleta profesional. Busco los ejercicios y deportes más difíciles que pueda encontrar y trabajo diariamente en mis metas. El movimiento complejo te hace conexiones neuronales. Esto te hace más inteligente. Sí, es otra razón por la cual hacer mucho ejercicio, pero no es la única. Me gusta tener metas difíciles. Si te gustaría intentar algo así la fórmula es sencilla. Intenta hacer cosas que no puedes. Ya que puedes, déjalo e intenta otra. Podría ser desde pararte de manos hasta sacar cinta negra en artes marciales. Levantar tu peso en una barra o hacer cien lagartijas. Tal vez lagartijas aplaudidas por detrás de la espalda.

El enseñar para mi es una forma de ser mentor de mis empleados, familia y de mis clientes. Es también el hacer videos y audios. Sí, es un beneficio social, pero también es satisfacción personal. A estas alturas ya no sé cuál es el más grande.

Cuando hice mi lista primero escribí leer. Después lo borré y puse aprender. Como lo platicamos el aprender viene de muchas formas. Yo soy amante de los audios. Es por eso por lo que puse aprender en esta lista. El aprender no lo veo como algo cotidiano. No lo describo como aprender algo de la vida o estar consciente de las cosas a mí alrededor para aprender. No, en mi lista aprender es un concepto más estricto. En tu caso puede ser diferente. Yo leo, veo videos o escucho audiolibros mínimo dos horas diarias. Si puedo lo hago cuatro horas. No me molestaría poder hacerlo por doce horas. Esta actividad me encanta y el efecto secundario es aprender.

La meditación en mi caso es en forma de oración combinada con la meditación oriental. Aprendí la meditación oriental a los veintidós años y me gustó. Mucho antes meditaba religiosamente con oración todos los días desde niño. Aun hago las dos. Recuerda que la meditación es una forma de conciencia. La puedes usar para vivir en el momento. Para saber que la felicidad viene con cada inhalación y exhalación.

Ahora tú sigues. Escribe tu lista de actividades.

Asegúrate que tu idea de negocio, que tu vida de emprendedor te permite hacer tus cinco cosas. Yo tuve que cambiar mis negocios para lograrlo. No cambié mis actividades para complacer al negocio.

VIDA FAMILIAR

Juan Del Campo, un amigo de Guadalajara me contó mientras tomábamos café.

"No dejo a mis hijos usar su teléfono en la mesa." Me dijo.

"Me parece buena idea," le contesté.

"Ya sé, no hacían otra cosa. Los grandes mandando textos, los chicos jugando o viendo una película," me explicó.

"¿Y sí te hacen caso?" le pregunté.

"No, hasta que les quité el teléfono," me dijo riéndose.

"Bueno, creo que eso es lo normal hasta que aprendan. Lo bueno que fuiste constante. Si no ya no funciona," le comenté.

"El otro día yo estaba mandando textos mientras comía y mi hijo me dijo que por qué yo si trabajaba en la mesa y ellos no podían usar el teléfono," me dijo.

Me reí. Esto es clásico. "¿Qué respondiste?"

"Me dio coraje y le dije que yo tenía que trabajar. Pero después lo pensé y lo platiqué con mi esposa. Ahora no uso el teléfono en la mesa," me dijo.

La relación que tienes con tu familia, con tus amigos, afectará tu negocio y viceversa. Se consciente de cuantas horas trabajas, cuantas estas con la familia, cuántas en el teléfono o en la computadora. Ahora con correo electrónico en el teléfono podemos trabajar todo el día y toda la noche. Eso de que estas ocupado es un pretexto. Veo a jóvenes de quince años revisar el teléfono cada cinco minutos. No están ocupados, el teléfono se puede adueñar de tus relaciones. El trabajo hace lo mismo, pero exponencialmente. Como parte de tu plan, escribe cuanto estas dispuesto a trabajar, cuando no.

Así como tienes metas muy personales también tendrás metas familiares. Estas metas son alrededor de tu familia. Escribe el nombre de todos tus familiares y lo que ocupas hacer con cada uno de ellos en los siguientes doce meses. No solamente escribas los nombres de tu familia nuclear. Incluye a toda tu familia con todo y tíos, primos, abuelos, hermanos, todos.

Muchos me dicen que todo lo que hacen es para su familia. Para ellos se levantan por la mañana. Por sus hijos trabajan doce horas al día. Es curioso, los hijos quieren jugar futbol más de lo que quieren zapatos nuevos. No pongas como excusa a tus hijos para no estar con ellos. Por eso ocupas escribir tu plan. ¿Qué harás para poder estar más tiempo con los que quieres? ¿Cuánto tiempo? ¿Cuándo, ahora o en seis años?

METAS Y MÁS METAS

Una de las diferencias más grandes entre emprender y ser empleado es el poder soñar. Si, puedes ganar muchísimo dinero como el CEO o el vicepresidente de una empresa. Lo que no puedes hacer es ganar lo que quieras. Esto solamente sucede cuando emprendes. Es por eso por lo que tienes que escribir tus metas de todo tipo.

Divide tus metas por categorías. Puedes poner cosas materiales, tiempo, familia, viajar, y todas las que quieras. Por ejemplo, en cosas materiales puedes apuntar como sería la casa de tus sueños, el auto, tu ropa o tu reloj. Bajo viajes puedes apuntar ir a Europa, o pasar seis meses en Asia, o lo que siempre has querido hacer de viaje.

¿Por qué apuntar tus metas?
Para que no se te olvide por qué trabajas.

CAPÍTULO 12:

Modelo de Negocio

Estaba en una de las universidades más conocidas del país dando una charla para emprendedores. Como parte del evento hice un pequeño ejercicio.

"Una página de negocio," les dije a maestros y estudiantes. Todos se me quedaron viendo sin saber a lo que me refería. "Van a hacer su plan de negocio en una página. Todo tiene que caber en esta página," les expliqué."

"¿Y qué tenemos que poner en el plan de negocios?" Preguntaron varios.

"Todo lo que crean ustedes que quiere ver un inversionista. Todo lo que necesiten explicar para que otros entiendan tu idea de negocio," les contesté.

Se pusieron a trabajar. Muchos escribían en computadora, otros en papel. Al final del ejercicio leí muchas de las hojas. Fue fácil pues buscaba cosas específicas. Las mismas cosas que buscaría un inversionista.

"¿Quién quiere presentar su idea al grupo?" pregunté.

La mitad levantó la mano. Recuerden que son emprendedores. Si tienen miedo en presentar en un ambiente privado, seguro, cómo presentarán a otros. Me dio gusto de ver tantas manos levantadas.

Escogimos varios. Pasaban al frente y leían su plan de trabajo. Tardaban de tres a cinco minutos por proyecto. Fácil y rápido.

Después de presentar el resto de la audiencia les hacía preguntas.

Las ideas eran buenas, interesantes, algunas increíblemente detalladas. Unas de software listaban las horas-hombre necesarias para terminar el primer software.

"¿Y cómo haces dinero?" Les pregunté a todos al final. A todos se les olvido escribir cómo es que iban a hacer dinero.

"Capturamos el uno por ciento del mercado y ganamos tanto."
"Le venderemos a x número de clientes para lograr vender tanto."
"Con tanto de inversión terminamos el software."

La descripción del producto, servicio, idea, visión, fue buena. La descripción del modelo de trabajo fue muy mala.

Este es un patrón en el cual no puedes caer. No te enamores de tu producto, servicio, empresa o beneficio. Esto te cegará al elaborar tu modelo de negocio. Tu modelo no es una página describiendo tu producto. Esto es solamente una parte. Tienes que explicar tu negocio, no solamente el beneficio, color, o sabor de lo que haces.

Qué requieres para hacer tu modelo de negocio de una página. Hay que hacerlo juntos. Después podrás usar este documento para inversionistas, para hacer tu plan de negocio, para tu mercadotecnia o para un manual de operaciones. Este es el esqueleto de todo aquello.

Partes de tu modelo de negocio:
1. Introducción
2. Descripción del Producto o Servicio
3. Cómo haces dinero
4. Dónde estás en este momento
5. El Mercado
6. El Equipo
7. En caso de buscar inversión. Beneficios a inversionistas
8. Estados Financieros o Proyecciones

Ahora vámonos uno por uno. Es un buen momento para abrir un documento en tu computadora o busca tu cuaderno y pluma favorita.

Antes de empezar con los pasos asegúrate que el documento tiene tu nombre, el nombre del proyecto o empresa y teléfono. Nunca sabes dónde caerá este documento y quieres que te puedan hablar. Sobre todo, si estás buscando inversión.

Introducción

La introducción no es realmente una introducción. Es un resumen. La introducción dice todo lo de los otros puntos en un solo párrafo. Aquí también dices el nombre de la empresa, cuando se formó, donde está ubicada y que quieres del lector. Por ejemplo, que estás buscando inversión.

En la introducción dile al lector que soluciona tu producto y cómo lo hace. Esto se hace en uno o dos enunciados. Tendrás un párrafo bajo el punto que habla acerca del producto.

Finalmente, la introducción habla de quién es el equipo. Tal vez los fundadores o directivos con los beneficios que estos ofrecen al proyecto o la empresa. No hay espacio para un currículo ni para una biografía. Tienes que manejar el espacio inteligentemente. Si no traen beneficios específicos tal vez son fundadores o socios estratégicos. Si no hay espacio, no pongas fotografía ni estudios.

Descripción del Producto o Servicio

No te emociones. Recuerda que no tienes mucho espacio. Tienes que hablar de tu producto en treinta segundos. Cómo se llama, qué soluciona y tu propuesta única de ventas. Qué hace mejor que cualquier otro producto. Por qué lo comprarán. Nunca digas que no tienes competencia, que nadie lo hace mejor, que tienes el mejor sabor o color. Nada de esto cuenta y es muy subjetivo. Si tienes una patente, esto es importante. Si tienes clientes por diez años esto es importante. Si tiene buen sabor no cuenta, pero si tienes distribuidores cuenta mucho.

La mayoría de los modelos de negocio que aterrizan en mi escritorio se enfocan en la descripción, los beneficios y todo lo que hace el producto. Esto déjalo para tu catálogo de ventas o página de internet. Aquí solamente queremos lo objetivo. Cuenta lo que te hace diferente a los demás y lo que podemos comprobar usando el método científico.

Tener "las mejores vitaminas," no es parte de tu propuesta única de ventas. El tener un patente que permite absorber las vitaminas por medio de la piel si lo es. El tener mil clientes por multinivel o a los que les envías a domicilio también lo es. Si tienes diez mil *likes* en Facebook no lo es.

La mayoría de los modelos de negocio y planes de negocio se enfocan en describir el producto. No solamente eso, cuentan una larga historia del producto y qué tan maravilloso es. Esto te hacer ver como un principiante. Siempre tienes que ver las cosas desde el punto de vista del cliente y de los inversionistas. Si no tienes inversionistas, aquí puede estar tu familia, mesa directiva o consejo, amigos, o socios.

Usa imágenes, fotografías, o algo visual para ayudar a describir el producto. Por ejemplo, si tienes una bebida, aquí va una fotografía de tu bebida. Si no la tienes elaborada, usa una imagen computarizada de cómo se verá tu bebida una vez terminada.

Cómo haces dinero

Aquí es tu modelo de mercado. Tu mercadotecnia, ventas y distribución. Si tienes producto explica si vendes por multinivel, por venta directa, venta a negocios o en supermercados. Si tienes un servicio igualmente explica cómo lo comunicas a los clientes, cómo hacen la decisión de compra y cómo pagan.

Explica si tú haces dinero del consumidor final, de un distribuidor, tienda, revendedor, o de gobierno. Aclara cuánto dinero haces por venta y de cuánto es cada venta. Si vendes vitaminas que te cuestan $1 peso en $10 pesos directamente al consumidor menos el flete explícalo a detalle.

¿Cuánto tiempo dura tu ciclo de venta? Explícalo. Es muy distinto si vendes por internet y te pagan por adelantado que si vendes un software que tarda catorce meses en instalarse. Tal vez tu modelo de negocio ocupa dinero para inventario, para programadores. Aquí es donde lo dices.

Tienes que tener estos números bien practicados. Hay que saber cuánto te cuesta producir, cuánto te cuesta vender, cuál es el costo de adquisición del cliente, cuál es el valor de vida del cliente y cuánto ganas por cliente, por producto, por todo. Si pides dinero para mercadotecnia, el inversionista te puede preguntar: "¿Cuántos clientes capturarás con ese dinero y cuánto vendes y ganas por cliente?"

¿Dónde estás en este momento?

No me refiero donde estas geográficamente. Dónde estás en el crecimiento del negocio. ¿Ya está tu negocio en marcha? ¿Lo estas financiando? Platica si ya tienes producto, si ya hay clientes, cuanto tiempo has trabajado en el proyecto. Esto es una pequeña clase de historia y comunica por dónde has pasado y que has hecho.

El Mercado

El mercado explica cuántos clientes potenciales existen en tu industria, dónde están, cómo se comportan y cuánto dinero circula. Aquí también puedes hablar de las otras empresas en la industria, cuánto venden y qué hacen. Ojo. Si no hay competencia tu negocio es de alto riesgo. Y, siempre hay competencia. Esto es la definición del capitalismo. Tal vez tú no crees que sean competencia, pero ellos si lo creen.

Algo súper importante de tu mercado. ¿Quién es tu cliente perfecto? Escribe a quien buscas como tu cliente ideal.

Algunos errores que veo en esta parte de tu modelo de negocio:
Decir que no hay competencia
Describir que quieres vender al 1% del mercado (¡no lo hagas!)

El Equipo

Ten mucho cuidado aquí y no exageres. Esta parte se usa para dos cosas, para saber si tienes a alguien con experiencia o conexiones, y para saber si estás solo o acompañado. Si no tienes experiencia como emprendedor, pero trabajaste en ventas y distribución de una empresa de bebidas, y lanzas una bebida, el inversionista lo tiene que saber. Si un miembro del equipo es programador y tiene diez años haciéndolo, anótalo si tienes una empresa de software. Si la experiencia no tiene nada que ver con la empresa, no les interesa a los inversionistas.

En caso de que tengas buena inversión, buenos activos o ventas, puedes usar acciones para atraer el mejor talento a tu equipo. No les tienes que pagar en dinero, pero si tendrás que pagarles con parte de tu empresa. En una de nuestras empresas en México pudimos invitar al co-fundador de Netflix como Chairman (director) de la mesa directiva. Por mi parte, estoy en muchos consejos y mesas directivas en EUA y México.

En caso de buscar inversión. Beneficios a inversionistas

Si buscas inversión aquí es donde pones cuánto buscas y qué le das a los inversionistas. No lo expliques mucho. Hazlo con números. Por ejemplo: Buscamos cien mil dólares inversión semilla, o un millón de dólares Ronda A. Medio millón para producción y medio para operaciones y mercadotecnia. El inversionista recibe el veinte por ciento de la empresa en acciones.

Los inversionistas tal vez te pedirán más acciones, una valuación más baja, estar en el consejo o mesa directiva, que cierres la ronda, que abras otra ronda, entre muchas otras opciones. Si necesitas ayuda con negociaciones o tu modelo de negocio a este grado habla a la oficina y te podemos ayudar.

Ahora sí. Es tu turno. Escribe tu modelo de negocio en una página. Lo difícil no es escribir el modelo, es hacerlo en una página. El poder hacerlo te dará claridad y enfoque. Ya que termines este ejercicio úsalo para revisar tu plan de mercadotecnia y ventas. ¿Estás enfocando tu marketing en atraer a tu cliente perfecto? ¿Usas el mismo vocabulario en tu material de ventas que usaste en tu modelo de negocio? Termina una auditoría de tu material de mercadotecnia. Si tienes equipo de trabajo invítalos a hacer el mismo ejercicio y compara notas con ellos. ¿Hay diferencias? Apuesto que sí.

No existe un formulario para ver qué te van a pedir los inversionistas. Depende si son inversionistas institucionales, como fondos o bancos o ángeles, o si sin inversionistas locales, como familia, clientes, amigos, promovedores, o extraños. Todo esto lo he aprendido ayudando a clientes y a nuestras empresas a juntar más de cien millones de dólares y trabajando con banqueros en Canadá, Estados Unidos, México, Alemania, Japón, entre otros. Cada contrato, cada inversionista está interesado en cosas distintas. Lo importante para ti es tener una base, pedir algo y dar algo, y negociar de ahí. Si estas en una posición de poder será muy distinto que, si no tienes ventas, inventario, o dinero. Si ocupas dinero para sobrevivir es distinto a dinero para expandir.

El capítulo de inversión te dará más información acerca de cómo estructurar tu contrato con inversionistas.

Estados Financieros o Proyecciones

Si tu empresa tiene historial, aquí está el historial en números. Ten en cuenta que muchos inversionistas pedirán auditar los estados financieros. No solamente ocupas el historial, ocupas también lo que viene en el futuro, la expectativa, y lo que sucederá cuando pongas a trabajar el dinero que estas pidiendo. Tus proyecciones cuentan lo que vas a hacer con el dinero y cómo vas a crecer la empresa durante los próximos tres o cinco años.

Tú puedes hacer tus proyecciones, o pídeselo a tu contador. Recuerda que tú eres el emprendedor, tú sabes lo que puedes y no puedes hacer con el dinero, no el contador. Tú le darás una guía a tu contador, y él lo pondrá en Excel.

CAPÍTULO 13:

Capital de Inversión

Cuando comencé mis negocios nunca se me ocurrió pedir dinero de inversión. Sin pensarlo ni intentarlo logré conseguir un millón de dólares de inversión en mi segundo negocio. Antes de esto ayudé a fondear una empresa de software donde era vicepresidente de ventas. ¿Cómo junté un millón de dólares para mi empresa? ¿Cómo lo puedes hacer tú? Platicaremos de esto y de cómo juntar mucho más dinero para tus negocios presentes y futuros.

Mi primer negocio después de ser ejecutivo de empresas de software fue uno de distribución. Lo compré muy barato y después me asocié con la persona que me vendió la empresa e hicimos un nuevo negocio donde el invirtió un millón de dólares. Si, fue así de fácil. La moraleja de este caso de negocio no es como estructuré la inversión, o como lo convencí de que invirtiera, sino el que me puse en una posición para poder recibir inversión. Para entonces ya era emprendedor de tiempo completo con los ojos abiertos a oportunidades de negocio. Esto más que nada fue el motivo por el cual estaba en el lugar correcto cuando se presentó la oportunidad.

El segundo negocio con inversión fue una empresa de limpieza de negocios. Esta empresa, una franquicia, la compramos y operamos entre mi primo Eduardo y yo. Era una franquicia con ventas y equipo. No tenía el dinero en efectivo para comprarla, entonces negocié con la dueña de la empresa un plan de financiamiento donde la empresa generaba los pagos de acuerdo con las ventas de la misma empresa. Pudimos comprar esta empresa sin dinero y sin intereses. La dueña financió todo. ¿Cómo encontré esta empresa? ¿Cómo convencí a la dueña de esto? De nuevo, no fue con dinero, con contactos, o con tratos especiales. Encontré el negocio en el periódico y visité a la dueña en persona para que me conociera y viera que era en serio la propuesta. Al principio fue difícil. No teníamos empleados para todas las oficinas y negocios que teníamos que limpiar, así que Eduardo y yo lo hacíamos después de salir del negocio de distribución. Varias veces trabajando hasta los dos de la mañana. Después pudimos contratar hasta veinte empleados en esa empresa.

Desde aquel entonces no he parado de fondear empresas. Lo he hecho usando técnicas de mercadotecnia, con inversionistas institucionales, con préstamos, con empresas que cotizan en la bolsa, y con muchísimas otras estrategias. No le tengas miedo a pedir inversión, y no pidas inversión solamente de instituciones de gobierno o bancarias. Tienes que hacer las cosas de otra forma para obtener resultados diferentes a los demás.

Pide Inversión

Antes que nada, hay que hablar del tipo de inversión que necesitas o puedes adquirir. Aquí hablaremos de inversión por intercambio de acciones, inversión como préstamo, o un poco de las dos. Esto incluye inversión en capital, en trabajo y en servicios.

Este modelo de inversión es popular en la mayoría de los países de habla hispana, así como los países desarrollados. Existe el dinero de inversión para negocios de distintos tamaños. Dinero como préstamo o dinero a fondo perdido, donde no tienes que demostrar nada. Si tienes acceso a esto, tómalo, te ayudará en tu carrera de emprendedor, pero no te llevará a ser un Gigante. Para poder crecer negocios exponencialmente vas a necesitar dinero de crecimiento, esto viene de inversionistas interesados en una parte de tu empresa.

Capital de Inversión

Si ocupas capital (dinero) de inversión puede que venga de tu bolsillo, de tu familia, amigos, socios o inversionistas. De donde venga el dinero tienes que agregarlo a tu lista. Igualmente tienes que ver cuánto dinero necesitas y qué impacto tendrá en ti y en la empresa.

Si tú pones el dinero de inversión es muy distinto a que si lo adquieres de inversionistas o socios. Si el dinero es de terceros tendrás que dar algo a cambio. Tal vez darás acciones o un porcentaje de la empresa, tal vez asientos en tu consejo o mesa directiva. Cuando haces decisiones de la empresa ahora tendrás que pensar cómo afectan a los inversionistas y no solamente a los clientes, empleados y a ti.

En otros casos tal vez cambias acciones de tu empresa por servicios, por producto, renta, coaching, viajes, programación, entre otros. Si quieres que alguien se asocie contigo tal vez le tendrás que dar acciones. Entre más importantes, más dinero y/o acciones vas a tener que dar.

Cuando decides en la inversión y de donde viene tienes que pensar en todas las repercusiones y en la estructura legal de tu empresa. Recuerda que si Apple pudo correr a Steve Jobs te pueden correr a ti también.

Hay muchos tipos de inversión. Vamos a ver unos ejemplos. Para ello inventaremos una o dos empresas como ejemplo.

Ejemplo: App para Teléfonos

Esta aplicación para teléfonos inteligentes te hace reservaciones en restaurantes y te da puntos que intercambias por comida. No tienes más que la idea y estas echando andar la empresa. Nuestro ejemplo aplica a cualquier empresa o idea de software y en casos hasta de hardware.

Las empresas de software son fáciles de lanzar. No ocupas infraestructura, puedes hacerlo de tu casa, y ni siquiera tienes que vender la aplicación. Tal vez con este tipo de modelo de negocio tendrás que ir a convencer a restaurantes que se unan a tu aplicación. Ya que tengas suficientes los demás se unirán solos para ser parte de la red y poder beneficiar de tus usuarios.

Lo que si ocupas al principio para empresas de software es programadores. Si eres programador no tienes problemas. Si no eres programador aquí es donde tienes que hacer decisiones. ¿Cuáles son tus opciones principales?

1. Aprender a programar
2. Pagar para que te hagan el App
3. Dar acciones en la empresa
4. Asociarte con alguien

Aprender a programar puede ser tedioso y tardar mucho. No es imposible. Algunos amigos han aprendido a programar de hobby. Así como si tú quieres aprender francés, o Kung Fu, o algo así. Si te interesa hazlo. Sin embargo, no es el mejor modelo de negocio. Recuerda que quieres ser CEO, no programador.

Si pagas para que te programen tu software tienes ahora el problema de dinero. Si lo tienes, es fácil, úsalo, pero considera que necesitas también dinero para mercadotecnia, para ventas, para operaciones. Si tienes suficiente para todo, no ocuparas dinero y puedes lanzar tu empresa.

El dar acciones en tu empresa se escucha fácil. El detalle es que hay muchas clases de entidades comerciales y muchos tipos de acciones. Lo más simple es dar acciones que equivalen a un porcentaje de tu empresa. Hay otras formas de hacerlo. Puedes tener acciones preferenciales para ti y para algunos otros, puedes tener opciones para empleados. Todo esto lo tendrás que platicar con tu abogado. Por ahora hay que simplificar. Puedes dar un porcentaje de tu empresa. Le puedes dar acciones a inversionistas y pagarles a tus programadores. También podrías darles acciones a inversionistas en intercambio de su trabajo. Si este es el caso, tu plan de trabajo y modelo de negocio tendrá que estar impresionante. Sin esto no podrás convencer ni a inversionistas ni a programadores.

Si te asocias con alguien es probable que sea con un programador y es lo más recomendable. Esta persona sabrá de tecnología y se encargará del lado técnico de la empresa. Piensa como Apple tenía un socio vendedor, y otro programador. Hicieron equipo perfecto. Otras empresas, como Microsoft, tenían equipo de dos programadores.

Ya que hiciste la decisión de cómo trabajar en tu empresa hora tendrás que hacer tu plan de trabajo.

Primer Paso = Plan de Trabajo

Tu plan de trabajo puede ser interno o externo. Si es interno se convierte en un mapa. En la receta de éxito para tu negocio. Si es externo tu plan es una herramienta de ventas. Lo usarás para pedir capital de inversión. Tu plan de trabajo se parece a tu modelo de negocio.

Para elaborar tu plan de trabajo regresa a revisar tu modelo de negocio. Usa los mismos puntos para hacer una presentación más grande. Tal vez no será necesario escribir cincuenta páginas en Word. Una presentación de PowerPoint es muy normal para todo tipo de inversionistas. Si ya tienes tu modelo de negocio tu plan será fácil. Es lo mismo, pero usando gráficas, fotografías, más descripciones y tu modelo financiero de tres años con ventas, gastos y ganancias.

Estructura de Inversión

Si decidiste que buscas dinero de inversión o sociedades aquí es donde lo escribes. Hazlo con detalle. Cuánto dinero buscas, para qué lo usas, que beneficio o ganancia dará al negocio y, qué le das al inversionista.

En modelos de inversión directa hay dos tipos sencillos de retorno. Les das acciones en tu empresa y reciben el beneficio cuando vendes la empresa. Aquí debes especificar cuándo venderás la empresa. Si piensas quedarte toda la vida con ella no pidas dinero bajo este modelo. No terminarás de la mano con tus inversionistas.

Otro modelo fácil de aplicar es inversión como préstamo. Este modelo es bueno cuando no piensas vender tu empresa. Bajo este les das un porcentaje de retorno como préstamo y otro como ganancias. Si puedes, trata de hacerlo solamente bajo ganancias. Si lo haces bajo ventas brutas ten mucho cuidado con tus estados financieros. Podrías estar regalando todas las ganancias. Por ejemplo: El inversionista se lleva el veinte por ciento de las ganancias netas o el cinco por ciento de las ganancias brutas.

Hay muchas cosas que determinan cuanto porcentaje das de las ganancias o de tu empresa. Este libro no es uno de inversión así que lo dejamos para otra ocasión. Si existen algunas fórmulas que determinan el valor de tu empresa, pero al final es oferta y demanda. Si hay mucha demanda para invertir en tu empresa conseguirás más dinero por menos acciones. Aquí la pregunta del millón es como puedes hacer que tu empresa suba de valor.

Preguntas de Inversión
- ¿Tienes qué invertir?
- ¿Cuánto dinero?
- ¿Cuánto tiempo?
- ¿Qué dejas de hacer para invertir tu tiempo?
- ¿Cuánto dejas de ganar para hacer este negocio?

- ¿De dónde viene la inversión? ¿Personal o de Inversionistas?
- ¿Qué les darás a los inversionistas de intercambio por su inversión?
- ¿En cuánto tiempo se paga la inversión o préstamos?

Si trabajas doce horas diarias en tu tienda y tienes cien mil pesos atorados en inversión y en inventario y ganas cien pesos diarios de ganancia no es buena inversión. Te compraste un trabajo de sueldo mínimo. Lo mismo puedes calcular con una inversión de millones de pesos.

¿Cuánto te tardará recuperar la inversión?
En el caso de nuestro ejemplo de la tienda. El emprendedor necesita los cien pesos diarios para vivir. Jamás podrá recuperar su inversión a menos que venda el negocio. Esto no es una buena decisión de negocio. Tendrá que trabajar mil días sin tomar un peso para poder pagar la inversión.

Igualmente, si tienes doscientos pesos diarios de ganancia. Recuerda esto es ganancia incluso después de impuestos no ventas brutas. Si ganas doscientos pesos puedes pagar cien, o cincuenta diarios o la mitad aun hacia la inversión o un préstamo. Esto ya no está tan mal. Tardarías de tres a seis años en pagar o recuperar tu inversión. Ahora, bajo el mismo escenario tal vez tú no tienes que trabajar en el negocio. El negocio trabaja sin ti. Ahora es un súper negocio. Aunque solamente te da cien pesos diarios de ganancia tu invertiste cien mil pesos y en tres años recuperas tu inversión. Después de esto es pura ganancia. De acuerdo que no vives con cien pesos, pero si puedes multiplicar esto, tal vez mostrar que tu tienda hace dinero y conseguir inversionistas, puedes abrir cinco tiendas, luego diez, veinte, cien tiendas. Ahora ya tienes un imperio de tiendas.

Recomendaciones

Ya sabes lo que te voy a decir: estudia, lee, ve a cursos, júntate con otros y otras más inteligentes que tú. Si ocupas ayuda inmediata háblanos a la oficina. Tenemos socios de la empresa que son banqueros, abogados de inversión, y usamos los despachos de inversión más grandes del mundo para nuestras empresas. Aparte, manejamos varios fondos de inversión. Te podemos ayudar a estructurar tu inversión, negociar, vender tu negocio, o cotizar en la bolsa en los Estados Unidos. Para participar en nuestros programas tienes que tener una empresa formada y formalizada. Tu empresa ocupa tener ventas, activos, usuarios, o propiedad intelectual.

CAPÍTULO 14:
¿Negociante o Auto Empleado?

"El que tenga tienda que la atienda"

¿Te acuerdas de este dicho? Esta es la definición de ser auto empleado. ¿Cuál es la diferencia de ser auto empleado a ser emprendedor o negociante? En este libro tienen mucho en común. Sin embargo, hay que separar las definiciones para que sea fácil escoger que quieres ser. Si. En teoría los dos son emprendedores. Los dos quieren negocios. La gran diferencia es que el auto empleado deja de trabajar y deja de ganar dinero. El emprendedor o negociante deja de trabajar y sigue ganando dinero. No importa si eres auto empleado. Es una gran meta. La siguiente meta es crecer tu negocio para que no necesites atender la tienda.

Imagínate poder irte de vacaciones dos semanas y que tu negocio siga haciéndote dinero. Ahora imagínate irte al cine a las dos de la tarde sin preocupaciones de lo que pasaría en el negocio. ¿Puedes hacer esto actualmente? ¿Si pudieras, quisieras hacerlo? Estas preguntas son críticas para cualquier emprendedor en cualquier etapa de crecimiento. Para mí es más importante el tiempo que el dinero. Yo quiero que mis negocios me den lo suficiente para hacer todas las actividades que me encantan. Quiero que mis negocios me den para viajar, hacer deporte y ser maestro de artes marciales, tomar una taza de café con mis primos, ir al cine con mi madre y mis tías a medio día, comer con mis amigos, estudiar y escribir más libros. Todo esto ocupa tiempo, muchísimo tiempo. Por ejemplo, escribir un libro como este puede tardar meses de tiempo completo incluyendo la constante edición e investigación. Por cierto, si quieres aprender a escribir libros de negocio en un día háblanos a la oficina e inscríbete al siguiente seminario o taller. Yo escribo los libros de la primera a la última página, pero enseño como tu como emprendedor lo puedes hacer en solamente un día con nuestras tácticas y secretos literarios.

¿Eres emprendedor o eres mecánico, abogado, doctor, ingeniero, licenciado, maestro, dentista, arquitecto, vendedor, administrador, contador, ejecutivo, o gerente?

Es muy probable que si tienes tu negocio o trabajas sin jefe eres auto empleado. Tal vez lo no crees, tal vez lo niegas, pero lo siento, alguien te lo tiene que decir. Eres auto empleado no emprendedor cavernícola, y nunca te convertirás en gigante de los negocios.

En una juta en mi oficina de Tijuana me visitó un cliente de coaching. Este cliente paga mucho dinero anualmente para que trabaje con él personalmente. En esta junta estábamos platicando del autoempleo. "No soy auto empleado, soy negociante," me dijo. "Si no lo fuera no podría volar a Tijuana a verte." El cliente tiene treinta empleados en la Ciudad de México y quiere doblar sus ventas en doce meses. Platicando sobre las estrategias del negocio suena su teléfono. (Mi teléfono esta normalmente apagado). "Bueno," contesta interrumpiéndome a media palabra. "Para quién es la factura? Si, puedes mandarla," escuchó unos segundos más, dio instrucciones y colgó.

Seguí charlando con mi cliente de estrategias para crecer su negocio cuando a los veinte minutos sonó el teléfono de nuevo. "Bueno... si, mándamelo por correo electrónico para revisarlo. No hagas nada hasta que lo revise." Después de tres minutos colgó. Mientras tanto yo lo seguí viendo mientras hablaba. No revisé mi teléfono, no prendí mi computadora, solamente lo observé por todo este tiempo. Anteriormente era difícil para mí manejar esta situación. Él es el cliente, siempre pensaba, y si quieren hablar por teléfono en vez de crecer su negocio es su decisión. No se puede hacer ambos. Esa actitud y este estilo de administración de personal es lo opuesto a lo que tienes que hacer para crecer tu negocio. Si tus empleados dependen de ti para tomar decisiones algo está muy mal y crecer tu negocio será todo de subida. Mis clientes ya no pueden usar su teléfono mientras hacemos juntas de *mastermind*, *coaching* o talleres. Tienen descansos donde pueden checar correos y hacer llamadas si lo ocupan. El teléfono y hasta la computadora es una distracción para mí y para los otros ejecutivos.

Este tipo de gestión de personal se aplica a todo tu negocio, a toda tu vida. Imagínate que tu hijo o hija de diecisiete años te hable al trabajo y te interrumpa para ver si puede empezar a hacer la tarea. Después te habla cuando termina la tarea y finalmente cuando tiene ganas de ir al baño. Si, ya se, esta última es una exageración, pero así me siento cuando veo a mis clientes contestar el teléfono en nuestras juntas de coaching.

En este ejemplo el cliente aparenta ser un negociante. Yo lo considero auto empleado. Tiene un trabajo y tiene que presentarse todos los días. Aunque no se presente sigue contestando correos y llamadas, dando explicaciones e instrucciones. Si eso te hace feliz, está perfectamente bien. No tiene nada de malo ser auto empleado. Mi cliente quería crecer, y ni tú, ni yo, ni el podemos doblar nuestro negocio y crecer exponencialmente si el negocio depende de nosotros para este crecimiento, para las operaciones, ventas, y ejecución.

¿Qué es ser auto empleado?

El auto empleado no tiene jefe. Esa es la definición más fácil. NO importa el tamaño, los números de empleados o el tipo de negocio. Puedes ser doctor y ser auto empleado, tener una clínica o un hospital y seguir siendo auto empleado. Cuando eres auto empleado es posible que tú decidas tus horas y días de trabajo y que estilo de empresa o negocio quieres. Tienes libertad no tienes un jefe que te esté molestando.

Lo malo de ser auto empleado es que es difícil crecer y es más difícil ganar más tiempo. El negocio requiere de tu tiempo, y eso es lo que menos me gusta de este tipo de negocio. Si eres auto empleado no te preocupes, ya diste el primer paso hacia la libertad y hacia surgir como un Gigante de los negocios. Ya diste el paso más difícil y más grande, el de tener tu propio negocio. Ahora sigue lo fácil, en teoría. En teoría porque tienes que hacer cambios en ti y en tu negocio, y los fundadores de negocios muchas veces se rehúsan y hasta rechazan el cambio.

¿Qué tienes que hacer para que el negocio crezca y no te necesite? Primeramente, prepárate para no ser el padre o la madre del bebe. Esto puede causarte miedo y angustia. Siempre has hecho las cosas de la misma forma, ¿para qué cambiar? Ya que estés seguro de que quieres cambiar y estás dispuesto a aceptarlo, ahora sigue lo fácil. Para crecer tu negocio te damos una fórmula pequeña y fácil de aplicar. Síguela y prepárate para un crecimiento exponencial.

CAPÍTULO 15:

Los Cuatro Ingredientes de la Mercadotecnia

Negocio y Ventas Garantizadas

Cerramos este libro con broche de oro. Mejor con broche de platino. Los Cuatro Ingredientes Principales de Mercadotecnia y Ventas cambiarán tu vida y la de tu negocio para siempre. Con la aplicación de estos ingredientes tendrás negocios garantizados. Cuando inviertas en otros negocios o ayudes a otros empresarios les preguntarás acerca de estos cuatro ingredientes. Serán tus amigos para siempre en negocio, ventas y mercadotecnia. Te invito a que le preguntes a tus amigos, compadres, colegas y socios acerca de estos ingredientes en sus propios negocios. Muchos si sabrán de estos, tal vez bajo otros nombres, otros los ignoran por completo. ¿Quién crees que sobrevivirá en el mundo del capitalismo?

¿Hay tal cosa como un negocio garantizado? La respuesta simple es que no. La realidad es que sí. Si no hubiera el potencial de un negocio que gane dinero en garantizado yo no estaría en el mundo de los negocios.

Ya sé lo que estás pensando: ¿Entonces por qué tantos negocios fracasan? Esto es muy sencillo. Hay muchas variables, pero la constante es la misma en el fracaso. El emprendedor. Si, así es, los negocios fracasan por tu culpa. Claro, me puedes dar cientos de pretextos. "Es que el local no era bueno," "Mis empleados me roban," "La economía," "La política," "En México, o EUA, o España, o Perú," es diferente, entre muchos otros. ¡No, no y no! Todo es tu culpa.

En este libro haz visto muchas fórmulas. Formas garantizadas de hacer negocio por todo el mundo. Fórmulas que preguntas a otros negociantes, formas de estudio, libros a leer, entre otras tantas herramientas. Te recomiendo que regreses y leas de nuevo el libro con pluma en mano para hacer notas. Aquí te va aun otra fórmula que garantiza tu éxito en los negocios. Posiblemente esta es la fórmula más importante del libro. Si sigues esta fórmula no fracasarás, aunque te equivoques en las otras, ignores las reglas, y no hagas nada de lo que sabes que tienes que hacer. Así de importante es este capítulo. Por si mismo este capítulo puede levantar tu negocio. La fórmula de la que hablo es una de mercadotecnia y de ventas. Ojo. No te garantizo que vas a llegar a los cien millones de dólares usando la fórmula. Lo que si te garantizo es que no vas a fracasar, aunque tu negocio sea malo. A lo largo de veinte años he tenido muchísimos clientes de todos colores, sabores y tamaños. Clientes lanzando productos de consumo, bancos de inversión, Fortune 500, y negocios pequeños. Ninguno ha fracaso si siguen esta fórmula. Cuando la ignoran y quieren experimentar, cuando flojean y no ponen empeño, cuando no se concentran, es casi garantizado que si fracasarán tarde o temprano. Hay cuatro ingredientes de la fórmula que te tienes que aprender de memoria y saberlos aplicar en cualquier negocio, en cualquier momento.

Los Cuatro Ingredientes Principales de Mercadotecnia y Ventas

1. Cliente Perfecto o Avatar
2. Propuesta Única de Ventas o PUV
3. Valor de Vida del Cliente
4. Costo de Adquisición del Cliente

Si, la fórmula tiene otros ingredientes que puedes ver en el curso que tenemos de Mercadotecnia y Ventas. El curso es en audio y video y dura más de doce horas. Te lo recomiendo como algo cien por ciento necesario. **El curso se llama Mercadotecnia Magnética**.

Vamos a explorar estos cuatro ingredientes mágicos de las ventas y la mercadotecnia.

Qué No Hacer

Antes que nada, hablemos de qué no hacer. Todos nacimos y crecimos escuchando radio, viendo televisión, letreros espectaculares y otras formas de promoción. Cuando tenemos negocios queremos hacer lo mismo que hemos visto durante nuestra vida. "Si funciona para Coca Cola funciona para mí," es lo que pensamos. Nos concentramos en el logo, el branding, los colores y en la imagen corporativa. Nada de esto te hace dinero y nada de esto garantiza o atrae clientes.

En "Los Cuatro Ingredientes," nos enfocamos en esfuerzos que nos hacen dinero. Simple y sencillamente. No puedes competir con Coca Cola de la misma forma que ellos hacen negocio. ¿Porque copiarías su mercadotecnia?

Tengo muchos clientes que se dedican a productos de consumo. Muchos de ellos tienen empresas de bebidas. Tengo dos libros de esa industria: "Wholesale MBA," y "Build Your Beverage Empire." Sin falta, todos mis clientes me dicen que quieren vender sus productos en tiendas de conveniencia y supermercados como lo hace Coca Cola y otras empresas grandes. Esto sin tener idea de cuánto cuesta dar de alta y mantener productos en tiendas. Es un canal de distribución y ventas muy difícil y muy caro. Hoy en día les recomiendo a mis clientes que vendan productos en otros canales. Los canales modernos de ventas y distribución pueden ser en escuelas, en ferias, usando las redes sociales y vendiendo por internet en su propia tienda o usando Amazon y otros que ayudan a la venta y distribución.

Este es un ejemplo básico de porque el emprendedor es aprendedor. Aprender esta lección sin estudio te cuesta doscientos mil dólares. Si, esta es la cantidad que mis clientes gastan antes de darse cuenta de que no pueden con este canal. Es más fácil invertir una semana, leer un libro, o hacer preguntas básicas de la industria a expertos.

Los Cuatro Ingredientes te dan los puntos más importantes de enfoque para que cualquier negocio pueda vender y hacer dinero desde el día uno. Vamos viendo de qué se trata, en resumen, y después explorando cada uno de los cuatro ingredientes.

Los Cuatro Ingredientes Resumidos

El Cliente Perfecto o Avatar es la persona que puede comprarte más, gastar más, darte menos problemas, pagar a tiempo y te cae de maravilla.

Tu Propuesta Única de Ventas o PUV es como te diferencias de tu competencia. Es lo que tú ofreces que nadie más tiene en tu calle, colonia, pueblo, ciudad, país, continente o planeta.

El Valor de Vida del Cliente es todo el dinero en ganancias que tu cliente te da mientras lo tienes como cliente. Esto puede ser un día, un año, cinco años. Depende de tu negocio.

El Costo de Adquisición del Cliente es el dinero que estás dispuesto a pagar por adquirir un cliente nuevo. Vamos a explorar estos cuatro puntos con uno de mis negocios. Nuestro producto más popular de Coaching Nace Un Gigante. El paquete cuesta veinticinco mil dólares anuales y un miembro está conmigo un promedio de dos años. En estos tres años tiene varias certificaciones, así como avances personales y de negocio. Tenemos otros servicios para empresas más pequeñas y más grandes, pero este es un buen ejemplo de un servicio que tiene más de quince años de éxito. Veamos los números y la propuesta del negocio que tenemos para poder vender este servicio.

Los Cuatro Ingredientes de Coaching Nace Un Gigante:
1. Cliente Perfecto: Ventas anuales de $1 a $3 millones de dólares
2. Propuesta Única de Ventas: Dobla tu negocio en doce meses sin trabajar 12 horas diarias
3. Valor de Vida del Cliente: $50,000
4. Costo de Adquisición del Cliente: $5,000 dólares

Estas son las dos preguntas más populares que me hacen acerca de este ejemplo:
1. ¿Quién paga $25,000 por un paquete de coaching?
2. ¿Por qué gastas tanto en adquirir un cliente?

La primera pregunta es muy fácil de contestar. Mucha gente de todo el mundo. Ofrecemos paquetes del doble, triple y cuádruple, y negocios pequeños lo pagan. Si, estos son negocios pequeños. Los negocios grandes pagan mucho más. Cuando comencé con *coaching* y asesoramiento no sabía cómo cobrar. Cobré solamente quinientos dólares mensuales y nadie me contrataba. Cuando comencé a cobrar cinco veces más se me lleno el calendario. Los precios dependen de la industria, de ti, de tus metas. Algo que te recomiendo siempre es que **nunca compitas con precio**. Ya sé, todo mundo te pregunta el precio. Eso es porque no estás haciendo las cosas bien. Si sigues las reglas de este libro y de este capítulo nunca más competirás con precio.

A mi cliente perfecto no le interesa el precio. Si pagas $25,000 y tienes que viajar a San Diego, California en EUA a verme la elasticidad del precio no es tan importante para ti. En quince años solamente dos clientes han querido negociar el precio. Nota que cuando hablo de negociar el precio no te digo que no hagas especiales, que des bonos, o paquetes especiales. Eso es muy diferente a negociar en precio. Negociar precio es cuando te quieren dar menos por el mismo trabajo, eso no se hace, no estamos operando en un mercado sobre ruedas.

La segunda pregunta, de porqué gasto cinco mil dólares para adquirir un cliente es aún más fácil de contestar, pero no tan fácil de comprender.

La respuesta es sencilla. Gasto $5,000 para ganar $50,000.

Si tú pudieras hacer lo mismo es muy probable que tú también inviertas este dinero para ganar diez veces más. ¿Cuál es el problema? Que no sabes qué tan rápido o en cuánto tiempo vas a recuperar tu inversión. Si gastas $5,000 hoy y te tarda doce meses para cerrar tu primer cliente no estarás muy contento. Esta es la realidad de muchos negocios. Tienen que invertir dinero por adelantado y esperar meses para vender. Todos estos números tendrás que revisar en tu fórmula de ventas.

No te recomiendo que gastes todo tu dinero por adelantado. Los cinco mil dólares que gasto no son de un jalón. Son el resultado de experimentos de mercadotecnia. Gasto mil dólares y me entran veinte prospectos. Algunos prospectos compran algo pequeño de cien dólares o algo así. Después de unos meses tal vez alguno se convierte en cliente o tal vez no. El siguiente mes gastamos otros mil dólares e igual el próximo. En promedio después de cinco meses un prospecto del primer mes nos compra el paquete de coaching. No estoy contando las ventas pequeñas (menos de doscientos dólares) como parte de la ganancia de las ventas pues todo este dinero es reinvertido a mercadotecnia.

Cliente Perfecto

Cuando doy talleres los asistentes me dicen "Todo mundo puede usar mi producto o servicio." Esto no es de lo que estamos hablando. Esto no es un cliente perfecto. El cliente perfecto es el que compra mucho. Tu cliente perfecto puede cambiar tu vida con un par de órdenes. Si no tienes un cliente perfecto no te preocupes, aquí lo vas a definir.

Un restaurante tiene muchos clientes. Algunos compran solamente café. Otros clientes van al desayuno, solos o con su pareja. En un restaurante también hay clientes perfectos. No son los que compran cinco dólares o diez. Son los que llevan a sus empleados, piden botellas de vino, carnes, postre, café y wiski. Un restaurante con una docena de estos clientes semanales paga todos los gastos de operación. Entre otros cien o doscientos clientes consumen lo mismo, pero requieren el mismo servicio. Si tu cliente gasta cien dólares tu cliente perfecto debe gastar mil dólares y pagar por adelantado. Supongamos que el cliente ideal de un restaurante consume doscientos dólares semanales en varias visitas con una ganancia del cincuenta por ciento. Si multiplicamos esto por cincuenta y dos semanas que tiene un año este cliente te está metiendo al bolsillo cinco mil doscientos dólares anualmente de ganancia. ¡Este sí que es un cliente ideal!

Este ingrediente es el más importante de todos. Sin este estás haciendo labor de ventas a ciegas. Desde ahorita te aviso que este ingrediente y el que sigue (PUV) son los más difíciles de aterrizar. Si te da dificultad consulta a uno de nuestros *Coaches* certificados para que te ayuden a definir a tu Cliente Perfecto. Mi cliente perfecto de *Coaching* gasta más de cincuenta mil dólares. No quiere decir que no tenga otros clientes. Tengo muchos de muchos tamaños, colores y sabores. Tenemos paquetes para gerentes de ventas, para estudiantes, tenemos productos desde libros hasta cursos en línea a precios accesibles. Mis libros se usan en universidades por todo el mundo. Muchas escuelas compran veinte, cincuenta y hasta cien libros. Muchos gerentes de ventas compran cursos para veinte o treinta empleados. Nadie de ellos es mi cliente perfecto. Todos los libros, cursos, videos, audios, talleres, webinarios, y podcasts son para encontrar a mi cliente perfecto.

Recuerda, tu cliente es cualquiera que puede comprar tu producto. Tu cliente perfecto es el cliente que tú quieres.

Ahora te toca a ti. ¿Quién es tu cliente perfecto?

Escribe todo lo que puedas acerca de tu cliente perfecto. No importa si existe o si está en tus sueños. Escribe ¿quién es, cómo es, es hombre o mujer? ¿De dónde es? ¿Tiene acento? Escribe cuantos años tiene y cuantos hijos. Considera qué nivel educativo tiene y donde va de compras. Ahora escribe cómo hace sus decisiones de compra. Qué hace tu cliente perfecto antes, durante y después de comprar tu producto o servicio o el de tu competencia. Tu cliente perfecto podría visitar el supermercado o las redes sociales. Tal vez tu cliente perfecto lo consulta con algún amigo, amiga, empleado, contador o experto. Esto es muy importante pues el proceso de decisión de ventas dictamina tu mercadotecnia. Tienes que aparecerle donde te necesita y donde está preparado(a) para hacer una decisión de compra.

Ya sabes mucho de tu cliente perfecto. Tienes toda su demografía, así como información de su proceso de decisión de compra. Ahora viene lo bueno. ¿Cómo te puedes meter a su cabeza y a su corazón? Todas las decisiones son emocionales. Tú tienes que establecer una relación emocional con tu cliente perfecto. Recuerda algo super importante. Un logo no sirve, una foto de tu producto no sirve, la relación emocional tiene que ser contigo. Tú eres la persona más importante en tu negocio. Tú tienes que ser la válvula, la chispa, la razón por la cual el cliente te compra. Por más que tu competencia trate de hacerlo nunca será tú. La competencia puede tener productos similares, precios baratos, y muchísimas otras cosas. Lo que no tienen es a ti.

Propuesta Única de Ventas

Tu propuesta única de ventas es un mensaje que le das a tus clientes potenciales. Por ejemplo, "Dobla tu negocio en doce meses sin trabajar doce horas diarias."

Si cambio la propuesta de arriba y la hago descriptiva te dirá más de los servicios y del negocio. Por ejemplo: "servicios de *coaching* de marketing para que crezcas tu negocio." Si puedes hacer esto, el problema es que ahora ya no hablas de la transformación de tu cliente. Ahora estás hablando de ti y de tu empresa. Eso no se vale, no tiene potencia. Para tener una PUV con potencia tienes que hablar del beneficio mayor o la transformación de tu cliente.

La propuesta única de ventas es fácil de hacer y te ayudará a crecer tu negocio exponencialmente. Lo difícil es no hacer descripciones innecesarias y explicaciones largas de lo que haces tú y tu empresa. Tu propuesta única de ventas tiene que ser corta, uno o dos enunciados, impactante, y cara. Lo más natural es que quieras hacer una descripción de tu producto, servicio, o tu empresa. Lo segundo es que quieras decir algo implícito en el negocio. Así como distinguida, buen servicio, a tiempo, garantizado, sin excepción, los únicos, los primeros. Esto no es muy poderoso. Tienes que ver todo desde el punto de vista de tu cliente. ¿Qué quiere tu cliente? ¿Qué le impacta? ¿Qué puedes decirle para que cambie de opinión y haga negocio contigo?

Es muy probable que no te salga tu Propuesta Única de Ventas a la primera o a la segunda. Te invito a que vengas a uno de nuestros entrenamientos y ahí la refines junto con nosotros. Es la forma más acertada de aterrizar tu propuesta correcta. Antes de ir a alguno de nuestros eventos puedes también consultar con uno de nuestros *coaches* certificados en Los Cuatro Ingredientes y tomar el curso de PUV en línea. Es un seminario completo dedicado a tu Propuesta Unida de Ventas. Visita nuestra página web, visita Facebook o nuestras redes sociales y pregunta acerca de los productos y servicios.

Valor de Vida del Cliente

El valor de vida del cliente es fácil de comprender y fácil de explicar. Es solamente una fórmula que tienes que hacer basada en ventas y ganancia. La fórmula es súper importante puesto que, si no sabes cuánto estas ganando por cada cliente, nunca sabrás cuanto gastar en mercadotecnia para adquirir ese cliente. Después de que termines este ejercicio es muy probable que cambies de cliente perfecto, o que busques otro tipo de cliente que aún no tienes.

La fórmula es fácil. ¿Cuánto le vendes a un cliente común y corriente? Escribe la cantidad y multiplícala por la vida de este cliente. Cuánto tiempo hace negocio contigo. Por ejemplo. Si tienes una cafetería y tu cliente normal viene tres veces a la semana y gasta cuatro dólares, de los cuales tres son ganancia, ahí ya van nueve dólares por semana. Si un cliente normal sigue viniendo por doce meses, multiplica los nueve dólares por cincuenta y dos semanas. Ahí tienes el valor de ese cliente. Ahora hay que encontrar la fórmula de tu cliente perfecto. El cliente que viene diariamente con su empleado o con algún cliente y gasta diez dólares, cinco veces por semana, con ocho dólares de ganancia diariamente.

El cliente perfecto de la cafetería vale $2,080 dólares de ganancia. El cliente normal vale $468. ¿Cuál cliente quieres atraer con tu marketing? Tal vez dices que los dos. Esa respuesta es incorrecta. Si gastas quinientos dólares para atraer al cliente perfecto sigues ganando. Si gastas lo mismo para el otro, pierdes dinero. Aparte de esto, tienes dinero finito, tiempo finito, y espacio limitado en tu café. Lo quieres lleno de consumidores buenos, no de clientes que no gastan dinero y usan tu electricidad y tu Wifi gratuitamente.

Costo de Adquisición de tu Cliente

Ya sabes cuánto dinero de ganancia te dará tu cliente perfecto. Ahora tienes que calcular cuánto vas a invertir en atraer y venderle al cliente.

Volvemos al ejemplo del restaurantero. Si tienes un restaurante y tienes clientes que van y toman café diariamente ganas tal vez doscientos dólares anuales. Tal vez no ganas nada a menos que consuman capuchinos. Dijimos en el ejemplo del Valor de Vida de tu Cliente que el cliente ideal de nuestro restaurante te deja cinco mil doscientos dólares de ganancia anuales. Aquí están las preguntas del millón: ¿Cuántos clientes de estos quieres? Y la más importante, ¿Cuánto dinero estás dispuesto a gastar para atraer a este cliente?

Supongamos que estás dispuesto a gastar quinientos dólares o hasta mil dólares para atraer a este cliente. Esto es el diez o el veinte por ciento de tu ganancia. Aun te quedas con el ochenta o noventa por ciento. Yo digo que esta decisión es magnífica. ¿A ti qué te parece?

El problema: Si es tan fácil esta fórmula, ¿por qué la mayoría de los restaurantes quiebran? Buena pregunta qué bueno que me la haces. La mayoría de los restaurantes no siguen esta fórmula. La mayoría de los que abren un restaurante me dicen algo así como: "Todo mundo tiene que comer, así que me irá muy bien." ¡No lo hagas!

Si eres el restaurantero y Gigante de los negocios tú sabes que solamente abriendo las puertas no te garantiza el éxito. Sabes igualmente que, haciendo publicidad en radio, espectaculares o televisión a todo mundo no garantiza tu éxito. Publicidad no garantiza que atraigas a tu cliente ideal. Para atraer a tu cliente ideal necesitas irte sobre de ellos y ellas directamente. Ocupas que tu mercadotecnia sea dirigida solamente a tu cliente ideal. Esto garantiza que ellos escucharán tu mensaje.

Volvemos a las dos preguntas de millón: ¿Cuántos clientes quieres y cuánto das por ellos? Contesta esta pregunta para tu propio negocio. ¿Cuántos clientes ideales quieres y cuánto estas dispuesto a pagar por cada uno de ellos? Supongamos que un vendedor te trae dos clientes ideales anualmente. ¿Cuánto le pagas a este vendedor, bróker o afiliado? Vale la pena que le pagues mucho. Uno de mis clientes de *coaching* es restaurantero. En una de las campañas regalamos tarjetas del restaurante de cien dólares a clientes perfectos. Estas tarjetas aparentaban ser de crédito y guardaban el balance en su sistema de cómputo. La idea es que estos clientes nuevos vinieran al restaurante, gastaran sus cien dólares y se convirtieran en clientes perfectos. Muchos de ellos hicieron juntas de negocio en el restaurante, así como fiestas navideñas.

Por mi parte yo soy cliente ideal de varios restaurantes y casas de café. Diariamente salgo de casa o de la oficina a escribir, comer, ver a clientes o leer. Cuando visitan clientes o familia los llevo a mis lugares favoritos. Fácilmente excedo los mínimos de un cliente ideal, y en algunos lugares los doblo o triplico. Aún mejor para los dueños de estos negocios es que pago entre una semana y un mes por adelantado y me van descontando mi total en cada visita. Es importante que sepas que el servicio que recibo en estos lugares es increíble. Todos los trabajadores se saben mi nombre, el de mi esposa, el de mi madre y de mis amigos y socios. El dueño me recibe personalmente y se sienta en nuestra mesa a charlar unos minutos y siempre hay mesa para mí, hasta en días festivos.

Mercadotecnia Directa

Los Cuatro Ingredientes van de la mano con Mercadotecnia Directa. La Mercadotecnia Directa es una forma de marketing donde contactas solamente a tu cliente ideal.

La Mercadotecnia Directa pone tu Propuesta Única de Ventas frente a tu Cliente Ideal al precio que tú escogiste como el Costo de Adquisición del Cliente.

Las redes sociales, así como estrategias de búsqueda por internet pueden acelerar tus ventas con mercadotecnia directa. Esto no es nuevo y es muy efectivo. Yo tengo usando este tipo de estrategias desde hace veinte años. Algo de advertencia, si no conoces bien las estrategias de *funnels* de marketing, primero apréndelos y luego usa las redes sociales. De otra forma estarás desperdiciando tu tiempo y dinero. Existe una fórmula para usar la mercadotecnia directa. En nuestro sitio de internet descubrirás varios cursos de *funnels* y de redes sociales.

Cuando hablo de redes sociales no me refiero simplemente a Facebook. Tienes que entender a tu cliente ideal para saber dónde y cómo usaras las redes sociales. Por ejemplo, yo uso mucho LinkedIn para atraer ejecutivos de empresas grandes en México y Estados Unidos. Para vender libros uso Twitter, para clientes de consultaría uso YouTube. Cada plataforma tiene su mercado y su uso dependiendo de tus metas y tu cliente ideal.

La Mercadotecnia Directa usa todas las estrategias comunes de mercadotecnia, como publicidad, ventas, correo, correos electrónicos, redes sociales y medios masivos como radio, televisión, revistas y periódicos. Igualmente usa métodos especializados como libros, revistas personales, audios, videos, regalos, conferencias, expos, y entrevistas. La idea es la misma, poner tu Propuesta Única de Ventas frente a tu Cliente Ideal.

Cuando pones un anuncio en el periódico, en la televisión o un espectacular, con la foto y el nombre de tu producto, eso no es mercadotecnia directa. Este es uno de los errores más grandes de las empresas chicas y medianas, el tratar de hacer la mercadotecnia como la hace las empresas más grandes del mundo. Si compites con ellos en su territorio, usando sus estrategias, vas a perder. Es por eso que ocupas usar armas secretas. La mercadotecnia directa es tu arma secreta. Este libro no es exclusivamente de mercadotecnia, es por eso por lo que solamente toque algunos temas importantes. Si te interesa tomar mis cursos de mercadotecnia ya están disponibles. Los cursos fueron grabados en vivo como seminario y están en línea para tu consumo.

Tenemos cursos y talleres de mercadotecnia directa que puedes asistir o tomar en línea. Visita nuestro sitio en www.NaceUnGigante.com para tomar los cursos.

El Final Y El Principio

Hemos llegado al final del libro, pero no al final de tu
jornada como Gigante. Y no a nuestro tiempo juntos.
Puedes seguir conmigo en cursos, seminarios, juntas de
mastermind, coaching, y otros eventos.

¿Qué tal? ¿Cómo te sientes?

Este libro tiene mucha información, y tú tienes aún más
información. Tienes ideas, tienes energía, poder, pasión.
Sin ti este libro se queda en letras. Tú eres quien
transformas tu vida, tu familia, tu comunidad, y el mundo.
Sin ti no quiero, sin ti no puedo. ¡Tu rifas!

¿Qué tal? ¿Qué vas a hacer?

No te quedes como lector o lectora. ¿Qué pretendes? Yo te
invito a obsesionarte. Obsesiónate contigo, con
transformarte, con la persecución de la perfección, de la
utopía, del cambio.

Yo estaré contigo en todo momento. No solamente en
espíritu, sino en presencia. ¿Quieres apresurar tu camino a
Gigante? Visítame en www.NaceUnGigante.com y ven a
verme en persona. Ven a tomar un curso, únete a un grupo
de coaching, y porque no, conviértete en Coach.

Contacta a Jorge

¿Quieres hacerme preguntas?

Visita Nace Un Gigante en www.NaceUnGigante.com o mándame un video por Facebook.com en www.Facebook.com/NaceUnGigante

¿Quieres contratarme para una conferencia?

Estoy disponible para conferencias, seminarios, coaching y otros contratos. Desde charlas cortas hasta eventos de múltiples días. Por todo el mundo, viajando desde San Diego, California o Tijuana, México.
Llama a la oficina…
En Estados Unidos: +1 (619) 722 5033

Toma un curso en línea

Toma un curso de superación, de mercadotecnia, o pregunta cómo obtener licencias para toda tu empresa.
Visita www.NaceUnGigante.com

Calendario de cursos y conferencias en vivo

¿Quieres ir a un evento y verme en persona? En Facebook encuentras un calendario de eventos oficiales.
www.Facebook.com/NaceUnGigante